btb

Aus Freude am Lesen

Wir befinden uns am Beginn des 19. Jahrhunderts, Griechenland ringt um seine Freiheit, und auf einer kleinen Insel in der Ägäis erblickt Konstantin Simonides das Licht der Welt. Wegen eines Giftattentats auf seine Eltern wird er als Jugendlicher auf den Klosterberg Athos verbannt und lernt dort alles über alte Manuskripte und ihre Herstellung. Dann beginnt seine Odyssee: Athen, Konstantinopel, Paris, Leipzig, London – überall taucht der geheimnisvolle Grieche auf und bietet Werke an, die jedes Sammlerherz höher schlagen lassen. Doch woher stammt seine Ware? Sind die von ihm angebotenen Kostbarkeiten echt? Turbulenzen begleiten ihn: ein internationaler Skandal, Gefängnisaufenthalt, eine gefälschte Biographie und ein Lebensende, das nebulös bleibt. Dies ist die wahre Geschichte eines genialen Fälschers, die uns bis heute in ihren Bann zieht.

Rüdiger Schaper, Jahrgang 1959, leitet das Kulturressort des *Berliner Tagesspiegel*, für den er seit 1999 tätig ist. Zuvor war er zehn Jahre lang Kulturkorrespondent der *Süddeutschen Zeitung* in Berlin. Bei Siedler ist von ihm zuletzt »Karl May. Untertan, Hochstapler, Übermensch« (2012) und »Spektakel. Eine Geschichte des Theaters von Schlingensief bis Aischylos« (2014) erschienen. Rüdiger Schaper lebt in Berlin.

Rüdiger Schaper

Die Odyssee des Fälschers

Die abenteuerliche Geschichte des
Konstantin Simonides,
der Europa zum Narren hielt
und nebenbei die Antike erfand

btb

MIX
Papier aus verantwortungsvollen Quellen
FSC® C083411

Verlagsgruppe Random House FSC® N001967
Das für dieses Buch verwendete FSC®-zertifizierte
Papier *Lux Cream* liefert Stora Enso, Finnland.

1. Auflage
Genehmigte Taschenbuchausgabe Mai 2014,
btb Verlag in der Verlagsgruppe Random House GmbH, München

Umschlaggestaltung: semper smile, München
Umschlagmotiv: © Shutterstock / David M. Schrader ; Shutterstock / javarman; Shutterstock / Canicula; Shutterstock / PGMart
Karte: Peter Palm, Berlin
Druck und Einband: CPI – Clausen & Bosse, Leck
SK · Herstellung: sc
Printed in Germany
ISBN 978-3-442-74801-3

www.btb-verlag.de
www.facebook.com/btbverlag
Besuchen Sie auch unseren LiteraturBlog www.transatlantik.de

Inhalt

*Wenn man nur Bücher herausgeben wollte,
die nichts als Wahrheit enthalten, dürfte man auch
Homer und Herodot nicht mehr herausgeben,
weil darin bekanntermaßen so viel Unwahres
enthalten ist.*

KONSTANTIN SIMONIDES

COPY & PASTE: DIE SCHWARZE KUNST DER SCHRIFTGELEHRTEN

Papyrus ist geduldig. Ein Forscherstreit führt auf die Spur des Fälschers. Antike Landkarten erwachen zu neuem Leben. Überall ist Alexandria.

»SIMONIDES schlägt wieder zu!« Eine mysteriöse Überschrift im Londoner *Times Literary Supplement* vom 22. Februar 2008. Der Artikel beschäftigt sich mit einem sensationellen Fund, der damals schon einige Jahre zurückliegt: dem Papyrus des Artemidor von Ephesus. Der legendäre griechische Geograph lebte um das Jahr 100 vor Christus, sein umfängliches Werk, eine Weltbeschreibung in elf Bänden, gilt bis auf einige Fragmente als verloren. Man kennt Artemidor im Wesentlichen aus zweiter Hand, kein seltenes Schicksal für einen antiken Autor. Strabo, ein etwas jüngerer und auch schon weiter gereister Schriftsteller – er kam wohl bis Armenien und Äthiopien, lebte in Rom und Ägypten –, zitiert Artemidor ausführlich. Strabo ist der Berühmtere. Sein Geschichtswerk ist verschollen, seine 17-bändige *Geographia* hat, auf welchen Wegen und in welchen Versionen und Abschriften auch immer, überlebt. Wer bleibt, hat Recht.

Antike Land- und Seekarten beflügeln die Phantasie. Sie wirken wie Gründungsurkunden der Globalisierung. Die Darstellung des bekannten Weltkreises war in der Epoche des Artemidor ein Wagnis, wie das Reisen. Man fürchtete die »Ufer hinter dem Horizont«, während zur gleichen Zeit Mathematik, Astronomie, Philosophie in ihrem Erkenntnisdrang und Wissenszuwachs explodierten. Menschliches Bewusstsein und Wissen dehnten sich aus ins Universale, ohne dass der Moment dieses geistigen Urknalls bestimmt werden könnte. Die Welt damals, auch wenn in geheimen Zirkeln bereits die Idee von der Kugel durchgespielt wurde: mehr Scherbe als Scheibe, flache Landmassen im Mittelmeerraum, vage begrenzt von Gibraltar im Westen und Indien im Osten.

»In den ägyptischen Sümpfen und Seen«, schreibt Strabo in seinem Kapitel über Alexandria, wo er Jahre in der Bibliothek studierte, »wächst die Papierstaude und die ägyptische Bohne, woraus man Trinkbecher macht, beides fast gleich hohe, etwa zehnschuhige Stengelgewächse. Die Papierstaude ist ein kahler Stengel mit einem Wollbüschel an der Spitze.« Papyrus war ein wichtiges Exportgut der Alexandriner, die selbst, bücherbesessen, wie sie waren, Unmengen davon verarbeiteten. Der Nabel der Welt liegt zu jener Zeit, und nicht mehr lange, in Alexandria, zuvor in Delphi, davor in Babylon. Eine Welt überschreibt die andere. Strabo kritisierte seine heute längst vergessenen Kollegen als rückständig und veraltet, sie schrieben, meinte er, über die Welt und ihre wundersamen Erscheinungen dummes Zeug, da sie mit Lügen aufgewachsen seien und an Mythen festhielten. Artemidor aber galt damals als *zuverlässige Quelle.*

»Simonides strikes again!«

Da taucht zu Beginn des 21. Jahrhunderts, nach einer Odyssee durch ägyptische und europäische Sammlungen, in der Öffentlichkeit diese Rolle auf – zweieinhalb Meter lang und etwa dreißig Zentimeter breit. Ein Papyrus in ruinösem Zustand. Ein unvollendetes Meisterwerk, Teil einer kartographischen Luxusausgabe, mit herrlichen Zeichnungen von Tigern, Elefanten, Giraffen, Greifen, Krokodilen, Schlangen, Vögeln und allerlei phantastischen Monstern und menschlichen Körperteilen. Köpfe, Hände, Füße, wie in einer anatomischen Studie. Dazu die detaillierte Karte eines rätselhaften Landstrichs und, auf zwei Spalten, eine Einführung in die Landeskunde des jetzigen Spanien. Die Rolle weist Löcher und andere schwere Schäden auf. Offenbar ist sie zweckentfremdet und als Einwickelmaterial für eine Mumie benutzt worden.

Heute befindet sich der Papyrus im Besitz einer Turiner Bank. Kaufpreis im Jahr 2006: 2,6 Millionen Euro. Bei den Olympischen Winterspielen in Turin wird der Schatz präsentiert, anschließend geht die Rolle auf Ausstellungstour durch mehrere europäische Hauptstädte. Der italienische Altertumsforscher

Luciano Canfora ist alarmiert. Er erklärt den Papyrus des Artemidor, eines der ältesten existierenden Dokumente griechischer Geographie, für blanke Fälschung.

Der Italiener fährt schweres wissenschaftliches Geschütz auf. Über 500 Seiten umfasst seine Streitschrift *Il papiro di Artemidoro*. Canfora will auf der Rolle Begriffe entdeckt haben, die es im Griechischen des ersten Jahrhunderts vor Christus nicht gegeben hat. Einige der Zeichnungen seien sogar Kopien von Raphael, des berühmten italienischen Malers der Renaissance, reichlich 1500 Jahre später. In den großen italienischen Tageszeitungen tobt ein Glaubenskrieg um den Papyrus. Angesehene Intellektuelle liefern sich ein unterhaltsames Duell. Der *Corriere della Sera* druckt Canfora, in *La Repubblica* hält der Kunsthistoriker Salvatore Settis dagegen. Auf sein Gutachten hin hat die Stiftung der Banco di San Paolo die Papyrusrolle erworben.

Settis und sein Kollege Claudio Gallazi, schreibt Heike Schmoll in der *Frankfurter Allgemeinen Zeitung*, erklären Machart und Zustand des kostbaren Papyrus mit einer »Drei-Leben-Theorie«. Alte Schriften, so steht dort geschrieben, haben nicht nur eine Seele, sondern auch einen Körper, aus Schilffleisch und Tintenblut, Haut und Patina. Und Verletzungen. So soll der Torso entstanden sein: »Für eine Prachtausgabe des geographischen Werks Artemidors hat ein professioneller Kopist des ersten Jahrhunderts vor Christus ein wertvolles Stück Papyrus genommen und den Text des zweiten Buches mit der Beschreibung Spaniens abgeschrieben. Zwischen der dritten und vierten Kolumne (der Text besteht aus fünf Kolumnen) ließ er einen breiten weißen Platz, damit ein Maler eine Landkarte zeichnen konnte. Der Papyrus wurde dazu in das Atelier eines Malers verlegt, der aber eine falsche Landkarte zeichnete. Das große Stück Papyrus wurde deshalb herausgenommen und beiseitegelegt (erstes Leben). Da er so wertvoll war, verwendete der Maler das ungebrauchte Stück danach als Skizzenbuch weiter und zeichnete mehr oder weniger realistische Tiere (zweites Leben). Später wurde der Papyrus noch einmal wiederverwendet, und es wurden zwei bärtige Köpfe (Demokrit und Heraklit) sowie weitere Skizzen menschlicher Hände und Füße als Übungsarbeit gezeichnet.« Die Lebensbeschreibung eines antiken Dokuments erweist sich als so widersprüchlich und variantenreich wie die Biographie eines Menschen. Die Materie lebt.

Canfora lässt sich nicht beeindrucken. Er bringt einen explosiven Namen ins Spiel, legt einen Trumpf auf den Tisch. Er hat Konstantin Simonides im Verdacht, den größten Schriftenfälscher der Moderne. Er starb angeblich um 1867, auch um sein Geburtsjahr ranken sich Legenden. Ein Outlaw der Literatur, mit weitreichender Ausstrahlung. Eine Koryphäe. Die Nachricht, dass aus einer Sammlung in Liverpool, die auch Werke von Simonides besitzt, ähnliche Papyrusrollen verschwunden sind, liefert dem Artemidor-Streit neues Spekulationsmaterial.

Originale Simonides-Fälschungen haben auf dem Kunstmarkt ihren eigenen Wert. Sie tauchen gelegentlich in Auktionen auf, als teure Kuriositäten. Wie die *Frankfurter Allgemeine* bewundernd feststellt: »Simonides muss nicht nur eine gewaltige kriminelle Energie besessen haben, sondern war auch umfassend gelehrt. Er kannte die einschlägigen Quellen, zitierte sie, mischte sie geschickt und beherrschte mehrere der in der Antike gebräuchlichen Schreibweisen. Die Fälschungen des Simonides sind echte Kunstwerke. Simonides besaß eine ausgesprochene Vorliebe für geographische Werke und war ein begabter Paläograph.«

Canfora glaubt, die Handschrift des Simonides auf dem Papyrus belegen zu können, gegen eine Reihe von durchaus stichhaltigen Indizien, die für die Echtheit der millionenschweren Schriftrolle sprechen. Inzwischen haben chemische Analysen des LABEC (Laboratorio di Tecniche Nucleari per i Beni Culturali) in Florenz das Alter des Papyrus bestätigt. Das sagt allerdings noch nichts über Alter und Provenienz der Beschriftung aus. Für Konstantin Simonides mit seiner raffinierten Palimpsest-Technik war es nie ein Problem, sehr alte Papyrusrollen zu beschaffen und sich darauf frisch zu verewigen. Auch die Tinte des Artemidor-Papyrus, hergestellt auf rein organischer Basis, besteht den Labortest. Der Fall scheint abgeschlossen. Allerdings nicht für die Canfora-Partei. Der Dorn sitzt im Auge. Wer war Simonides? Wie kann eine so rätselhafte Gestalt des 19. Jahrhunderts in unsere wissenschaftliche Welt vordringen?

Wann immer der Name des Griechen auftaucht, verbreitet er unter Sammlern und Museumskuratoren Schrecken. Hunderte, wenn nicht Tausende antiker Dokumente hat er fabriziert, überschrieben, Altes und Neues bis zur Unkenntlichkeit verschränkt. Alexander von Humboldt äußert sich anerkennend über seinen Zeitgenossen Konstantin Simonides. Er nennt ihn einen »rätselhaften« Menschen, den man respektieren müsse. Ein Rätsel – eine schöne Untertreibung. Simonides war ein Künstler, der sich ein eigenes Universum schuf aus dunkler Materie, die schwarze Löcher in die besten Kollektionen der Welt gerissen hat. Seine Werke gleichen faulen Subprime-Kreditpaketen in unbereinigten Bankbilanzen. Sie sind Zeitbomben, Antimaterie in einer von Gier geleiteten Welt und Wissenschaft, die sich dem Fetisch des Originals verschrieben hat. Mit der Faszination und Überzeugungskraft, die ihm gegeben waren, wäre er zu anderer Zeit Investmentbanker geworden. Ein Madoff der Altertumswissenschaft und des Kunsthandels. Ein Freund sagte über Simonides: »C. S. besitzt nur sehr eingeschränkte Kenntnisse der modernen Gewohnheiten, Sitten und Sprachen. Mit den Umgangsformen und Ausdrucksweisen der Menschen, die vor zwei- oder dreitausend Jahren die Erde bevölkerten, ist er dagegen bestens vertraut. Gegenüber den Ideen der Welt von heute wirkt er ahnungslos wie ein Kind.«

Wie so viele vor ihm, läuft Luciano Canfora Gefahr, sich zu

einem Simonides-Opfer zu machen. Der Italiener versteigt sich in aufwändige philologische Kleinarbeit und führt einen publizistischen Feldzug – im Namen des vor 150 Jahren gestorbenen Fantomas der Altertumsforschung. Canfora setzt seinen Ruf aufs Spiel, um die Fälschung nachzuweisen. Er hat sich mit sicherem Instinkt für die Hohlräume der Vergangenheit in eine typische Simonides-Situation hineinmanövriert, reiht sich ein in die Riege hervorragender Wissenschaftler des 19. Jahrhunderts, die mit Simonides und seinen Werken gerungen haben. Die Auseinandersetzung mit Simonides war für die hochgelehrten, geehrten Männer der Vergangenheit ein Kampf um die eigene Bedeutung, um Status und Macht; es waren amüsante Fehden auf dem Feld der Eitelkeit. Im Jahr 2010 legt Canfora nach, mit dem Buch *Il Viaggio di Artemidoro*. Dieses »Leben und Abenteuer eines großen Entdeckers der Antike«, wie es im Untertitel heißt, dreht sich zur Hälfte um den Griechen. Hier zeichnet Canfora nach, wie sehr sich Simonides mit Artemidor identifiziert habe. Nur er kommt demnach als moderner Produzent des Papyrus in Betracht, da die Rolle auf keinen Fall ein antikes Original sein könne. Canforas gleichsam prozessuale Beweisführung wirkt schlüssig – so schlüssig und verlässlich wie alle Spuren, die zu Simonides führen. Die er häufig selbst gelegt hat. Canforas Obsession verdient Sympathie. Es ist eine faszinierende Vorstellung, dass man in diesem Fall womöglich niemals absolute Sicherheit erlangen wird, ob und in welchem Umfang der Papyrus des Artemidor ein Produkt der Neuzeit ist, ein leidlich antikes Original oder ein Zwitter. Ob man es am Ende mit einer nicht vollständig zu entschlüsselnden Material- und Geistesmischung zu tun hat, einem dann ja nicht weniger einmaligen Hybrid. Der umkämpfte Papyrus ist ein Paradigma im Umgang mit antiken Quellen.

Denn Simonides sprengt die Kategorien. Er treibt das Vexierspiel so weit, dass Echt und Falsch die Plätze tauschen. Als ehrlicher Illustrator und Schriftsteller hätte er es mit seiner außerordentlichen Begabung weit gebracht, schreibt John Whitehead, ein Spezialist für literarische Fälschungen: »Es erging ihm wie den meisten Fälschern. Seine originalen Arbeiten wurden abgelehnt, obwohl ihm damit ein verdienstvoller Platz in der Literaturgeschichte sicher gewesen wäre.« Bei Simonides finden sich phantastische Erzählungen, würdig eines Jules Verne. Großartige Schelmenromane unter falscher Flagge. Doch er gibt diese Texte als Schöpfungen unbekannter antiker Autoren und Philosophen aus, und sich selbst als Entdecker, Herausgeber, Übersetzer. Mit einem Bein in der Antike, mit dem anderen im Gefängnis.

Der Gelehrte Alexander Lykurgos, ein über viele Jahre mit Simonides-Skandalen beschäftigter Zeitgenosse und Jugendfreund des genialen Kopisten, zitiert ihn mit den Worten: »Wenn man nur Bücher herausgeben wollte, die nichts als Wahrheit enthalten, dürfte man auch Homer und Herodot nicht mehr herausgeben, weil darin bekanntermaßen so viel Unwahres enthalten ist.« Da ist der zwischen Literatur und Wissenschaft eingeklemmte Nerv getroffen. Der Nerv aller Literatur. Homer und Herodot. Mythologie und Historie. In *Meine Reisen mit Herodot* schreibt der Pole Ryszard Kapuscinski, wie er davon träumt, »die Grenze zu überschreiten«. In seinem Fall waren es die real existierenden Grenzen des Ostblocks, aber auch die Grenzen der Imagination und der Recherche, Journalismus und Phantasie, die Grenze zwischen Vergangenheit und Gegenwart. Nach seinem Tod im Jahre 2007 kamen Zweifel am Wahrheitsgehalt seiner Auslandsreportagen auf.

Wahrheit, Wahrscheinlichkeit, Erfindergeist, das ist ein altes Spiel. Strabo hielt den Dichter der *Ilias* und der *Odyssee* für einen der glaubwürdigsten Geographen jener fernen Zeit. Je nach Datierung liegen bereits 700 oder 800 Jahre zwischen ihm und Homer – fast die gleiche, anschaulich kaum zu überbrückende Zeitspanne, die uns von Dante, Petrarca und Boccaccio trennt.

Boccaccios *Decamerone* versammelt Geschichten von Menschen in Klausur. Sie fliehen aus der Stadt, schotten sich ab von der Pest. Aber Ansteckung ist eine Kopfsache, sie lässt sich nicht leugnen. Wissen pflanzt sich fort und weckt Zweifel. Tradition und Bildung verhalten sich wie die Noblen des *Decamerone*, bis der Firnis verdächtig dünn wird und aufbricht. Raoul Schrott hebt 2008 in seinem Buch *Homers Heimat. Der Kampf um Troia und seine realen Hintergründe* die Grabplatte hoch, wenn er Homer beim Wort nimmt und ihn von relativ jungen akademischen Traditionsschichten befreit, jenen fixen Ideen des 19. Jahrhunderts, die tief in unseren Köpfen sitzen. Nach Schrotts Recherchen war Homer kein blinder Sänger, sondern ein Schreiber am assyrischen Hof in Kilikien, einer Landschaft im heutigen Südanatolien. Homers Epos speist sich aus Quellen, die man nicht mehr ohne weiteres als griechisch oder europäisch bezeichnen kann. Sie liegen in Mesopotamien. Was der Größe des Epos nichts nimmt, aber seine Bedeutung als Ursprung abendländischer Erzählkunst relativiert: Die homerische Dichtung ist ein Produkt umfassender und komplizierter Assimilation.

Noch wissen wir von dem Griechen Simonides wenig. Aber schon die erste Berührung mit diesem Phantom reißt Räume auf, erweitert das Gefühl für Zeit. So absolut unverrückbar, wie sie uns gelehrt wurde, war die Antike keinesfalls, ist sie nie gewesen. Wir hängen, auch wenn wir sonst an nichts glauben, einem Urvertrauen in die gedruckten Bücher an, während im Internet eine neue alexandrinische Universalbibliothek ins Unermessliche wächst. Die so gefestigte, wissenschaftlich unterfütterte, modernromantische Idee vom *Original* scheint mit der digitalen Umwälzung wieder in jene Bestandteile zu zerfallen, aus denen sie in den vergangenen zwei Jahrhunderten mühevoll zusammengesetzt worden ist.

Simonides, der Pirat. Seine kaum kontrollierbare Produktivität, frei im Umgang mit Quellen, Daten und geistigem Eigentum, deutet die Entwicklung eines globalen, anti-akademischen und lebendig pulsierenden Wissensspeichers an, durch den die Vergangenheit in die Zukunft fließt, und umgekehrt. Der Mann gleicht einer Zeitmaschine. So wirbelt er in der Mitte des 19. Jahrhunderts durch die europäischen Metropolen und erfindet immer verrücktere Mittel der Camouflage. Altägyptisches oder Byzantinisches, da sprudelt eine nie versiegende Quelle. Die gelehrte Welt dürstet danach. Die Gefoppten, die Beglückten halten uralte Papiere mit frischer Beschriftung in den Händen, und die Buchstaben, die Kolumnen, die stilistischen Details entsprechen voll und ganz dem Stand der damaligen Altertumsforschung, so geschickt ist die Hand des herumreisenden Griechen, so weit greift sie zurück. Sammler sind blind wie Liebende. Wer solch volatile Stücke glücklich erwirbt, will die eigene Kennerschaft verteidigen, misstraut den Skeptikern, wenn sie von Fälschung reden oder auf Ungereimtheiten hinweisen. Simonides balanciert auf dem schmalen Grat der Buchstäblichkeit. Beschriebenes Papier ist für ihn zeitlos, alles in Wort und Schrift Gefasste entspringt in seinen Augen einem verehrungswürdigen Schöpfungsakt. Dafür bietet die christliche Religion, die Religion des Buches, fußend auf der antiken griechischen Philosophie und der hellenistischen Weltkultur, ein grenzenloses Feld: Wo Schrift in Glauben umschlägt, und Glauben in Schrift.

ERINNERUNG IN DELPHI: DER SCHÖNE ANTINOUS

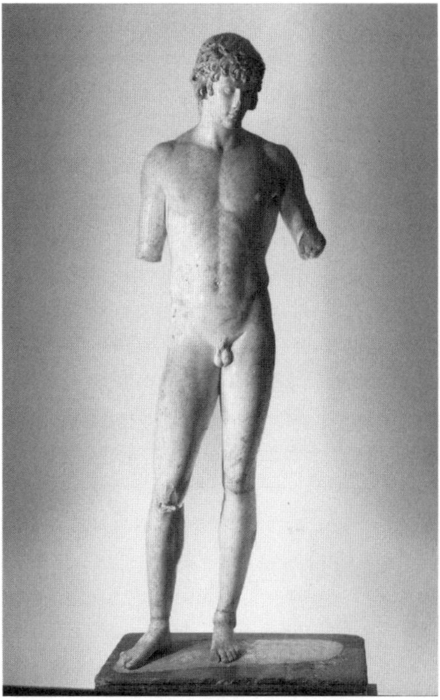

Die tiefen Schichten liegen an der Oberfläche. Bei Ausgrabungen in Delphi wird ein Sexsymbol der Römer zutage gefördert, der Jüngling Antinous. Ein Namensvetter des Fälschers, Simonides von Keos, überlebt eine Katastrophe und entwickelt die Technik der Erinnerung.

DIE SUCHE nach dem Griechen Simonides kann überall und nirgendwo beginnen. Warum nicht in Delphi, beim Orakel?

Eine Schwarzweiß-Fotografie, datiert vom 13. Juli 1894. Heiliger Schrecken liegt über dem Moment, Schreckstarre. Die Archäologen sind nicht zu erkennen, oder in der Bewegung und Erregung verwischt. Doch die Arbeiter: Mit weit aufgerissenen Augen suchen sie die Kameralinse, als erwarteten sie von dort ihren Lohn oder Strafe von oben. Sie haben Platz gemacht, sind zur Seite getreten, wie am Schauplatz eines Verbrechens, wenn die Polizei eintrifft. Ein Gewaltakt, ein Wunder. Und vielleicht sind die Männer, die für die französischen Wissenschaftler die schwere Arbeit tun, hier nur ausnahmsweise im Bild, um den ungeheuren Kontrast noch deutlicher zu zeigen – die Statue des nackten Antinous, die aus Marmorstein gehauene erotische Phantasie, und die griechischen Bauern in ihren lumpigen Kleidern.

Bald zweitausend Jahre hat die Skulptur in der Erde gelegen, nicht sehr tief. Sie blickt im Augenblick ihrer Entdeckung mit geneigtem Lockenkopf zur Seite weg, einladend, kokett. So hat Roms Kaiser Hadrian seinen jungen Liebling aus Bithynien in Kleinasien, der im Nil ertrank, zuletzt gesehen, so gefiel er ihm in hundertfacher Ausfertigung. Nach dem frühen Tod des Antinous tauchen überall im Imperium diese lebensgroßen Kultfiguren des neuen Gottes auf. Aber auf dem Foto und später im Museum und in den Büchern ist es immer der eine und einzige verträumte, schöne Antinous von Delphi, der aus dem Boden ragt und die Last der Geschichte trägt. In der Passion Hadrians für den Eleven spiegelt sich die Leidenschaft der anbrechenden Moderne für die Antike wider. »Künstliche Paradiese« werden nicht nur von einem Dichter und Drogenpriester wie Baudelaire, sondern auch von der kolonialen Archäologie erschaffen. In der Geschichte der Welt passiert es um die Mitte des 19. Jahrhunderts zum ersten Mal, dass eine Epoche sich mächtig genug fühlt und über die zivilisatorischen Mittel verfügt, die Entfernung von den Ursprüngen abzumessen und den christlichen Gott zu relativieren. Die toten heidnischen Götter kehren an die Oberfläche zurück.

Die Ausgrabungen in Delphi stehen am Ende eines in die Antike vernarrten Jahrhunderts, einer hohen Zeit für Abenteurer und Entdecker, Diebe, Räuber und Betrüger. Die Amour fou zum Alten nimmt kriminelle Züge an. Es ist die Energie des technisch-industriellen Fortschritts, der ohne Rückgriff auf die verschütteten Zeiten anscheinend nicht auszuhalten ist. Am Beginn des Jahrhunderts hat Napoleon die Kunstschätze Ägyptens katalogisiert und ausgeräumt, Lord Elgin lässt den Parthenon-Fries aus Athen abtransportieren. Lord Curzon reitet die Klöster des Balkans und der Levante nach kostbaren Manuskripten ab. Troja erlebt seine zweite Eroberung. Kaiser Wilhelm II. besucht die Riesentempel von Baalbek, im heutigen Libanon. Die Museen des Nordens füllen sich mit Altertümern des Mittelmeerraums und Arabiens. Babylon taucht aus der Versenkung auf, hier graben die Deutschen. Vor dem Erdöl bestehen die Bodenschätze aus den Resten alter Hochkulturen.

Aber dieser wiedergeborene Antinous hier sieht nicht aus wie ein Zweitausendjähriger. Er wirkt frisch, wenn auch ein wenig verwirrt. Er würde, gewaschen und angezogen, gute Figur machen auf dem Laufsteg. Der Schlüssel zum Paradies scheint gefunden. Aufrecht stehend, in Kniehöhe zerbrochen. So wird er gefunden. Ein herrliches Exemplar aus vergangener Massenproduktion – jetzt ein kostbares, unersetzliches Unikat. Die Erinnerung ergänzt das Unsichtbare, die Sucht nach dem Originalen gibt sich Täuschungen hin. Dem Antinous beim Apollo-Tempel in Delphi fehlen Extremitäten. Ein Torso, das Geschlechtsteil sticht heraus, ebenso die zarte Nase. Der Anblick des schutzlosen Marmormannes, den sie geweckt haben, ohne nach ihm zu suchen, weckt widersprüchliche Gefühle. Denn die Fotografie selbst ist nun schon alt, empfindlich und wertvoll. Und wie robust wirkt dagegen die Statue selbst. Als hätte sie nichts mit ihrem sepia-getönten Abbild zu tun.

Frühmorgens in Delphi, das Museum ist noch still und leer. Man möchte in Andacht versinken. Aber da ist noch etwas anderes. Eine Irritation, wenn man nur lang genug auf die Fotografie des Antinous und seiner Ausgräber schaut. Plötzlich wirkt die Szenerie unglaubwürdig. Er steht allzu gerade da, wie aus der Erde gewachsen. Das wiederum ist für Delphi eine sehr passende Vorstellung – dass dort an den Berghängen Steine, Säulen, Schatzhäuser, Tempel *wachsen*, wie weiter unten im Tal der Ozean von Olivenbäumen bis ans Meer heran. So karg und schroff ist die Landschaft um das Orakel, warum sollten da nicht Steine sprießen – und Skulpturen. Einige Jahre nach den sensationellen Ausgrabungen in Delphi schreibt in Paris Rainer Maria Rilke im Sommer 1908 das berühmte Sonett auf den »Archäischen Torso Apolls«; eine Warnung. »… denn da ist keine Stelle,/die dich nicht sieht. Du musst dein Leben ändern.«

Antinous sieht mit einem Mal aus wie hingestellt. Von seinem eigentlichen Fundort herbeigeschleppt, für den fotografischen Moment. Und dann steht er da, Rücken zur Wand, den Blick gesenkt, ein heiliger Sebastian, vor dem sogleich ein Exekutionskommando Aufstellung nehmen wird. Sein Bild widerruft sich immerzu selbst. Es lädt dazu ein, dass man es nach Belieben fälscht. Es spielt mit der Erinnerung. Und hinter der Fotografie taucht eine zweite Geschichte auf. Sie ist mehr als ein halbes griechisches Jahrtausend älter als Hadrians Liebling, der im zweiten Jahrhundert nach Christus gelebt hat, und sie gehört zu den ersten und ältesten Geschichten, die erzählen, wie Erinnerung entsteht und Trauer und fotografisches Gedächtnis zusammenwirken. Es ist die Geschichte des Simonides von Keos. Ein Urbild. Solche Geschichten werden erfunden, um Geschichte zu verstehen.

Simonides von Keos, ein Dichter und Hymniker um das Jahr 500 vor Christus. Er besingt nicht nur Götter, sondern auch Sterbliche, die Helden der Perserkriege. Darin liegt seine Modernität. Auch weil er als der Erste gilt, der Geld verlangt für seine Arbeit, das Dichten. Der »klügste Mensch seiner Zeit«, findet die Dichterin Anne Carson, die über Simonides von Keos und Paul Celan geforscht hat. Bei den Thermopylen, wo eine Handvoll Griechen sich der persischen Übermacht entgegenstellte, steht der berühmte Märtyrerspruch: »Wanderer, kommst du nach Sparta, verkündige dorten, du habest uns hier liegen gesehn, wie das Gesetz es befahl.« So hat Friedrich Schiller seinen Simonides übersetzt.

Es wird vor Simonides und auch zu seiner Zeit andere gegeben haben, die Ähnliches taten. Aber mit ihm beginnt etwas Neues. Bei einem Bankett wird ihm seine Berufung – wahrscheinlich war es auch nur sein Brotberuf – beinahe zum Verhängnis. An jenem Abend im Haus des Faustkämpfers Skopas sieht sein Engagement vor, den Gastgeber zu preisen. Doch er ändert das Programm. Der alte Simonides – vielleicht aus einer Laune, vielleicht nach uralter Tradition – rhapsodiert nicht nur über den mächtig von sich eingenommenen Skopas, sondern er trägt auch einige Strophen über die göttlichen Zwillinge Castor und Pollux vor. Skopas, längst betrunken, regt sich auf, er brüllt und flucht, er fühlt sich missachtet. Er will Simonides nur die halbe Gage zahlen; die andere Hälfte könne er sich ja bei seinen himmlischen Freunden holen. Die Gäste applaudieren, ein so gedemütigter, frecher Sänger bietet einen unterhaltsamen Anblick. Die Situation erinnert an das Heine-Gedicht vom alkoholisierten, wahnsinnigen Beherrscher Babylons, Belsazar, dem eine unheimliche Schrift auf der Palastwand erscheint.

Skopas will den Dichter hinauswerfen lassen. Doch ein Diener unterbricht ihn. Mitten im Streit wird Simonides von zwei jungen Männern, die nachher freilich nicht mehr aufzufinden sind, vor die Tür gerufen. Er verlässt die Villa des Skopas, die in diesem Moment einstürzt und die Gäste unter Steinmassen begräbt. Keiner wird gerettet. Die Toten sind so zerquetscht und entstellt, dass man sie nicht identifizieren kann. Das ist der Augenblick des Simonides, wie ihn auch Cicero später beschreibt. Jetzt wird er unsterblich, der Mythos legt sich über die Person, von der wir sonst kaum etwas wissen können und nicht wissen müssen. Jetzt wächst er aus dem Moment heraus, kommt uns aus einer fernen Zeit und Vergangenheit entgegen; seinetwegen glauben wir, etwas über diese Zeit zu wissen.

Er hat sich im Gewoge des Festmahls die Sitzordnung eingeprägt, er erinnert sich an die Namen und Gesichter der im Haus Getöteten. Er sagt den Angehörigen, die sich am Ort der Katastrophe versammeln, wer bei dem Gelage sein Leben gelassen hat. Die beiden Männer an der Tür, heißt es, müssen wohl Castor und Pollux gewesen sein. Der Mythos zeigt, was geschieht, wenn Künstler verspottet und um ihr verdientes Geld betrogen werden. Das ist sein moralischer Teil. Wichtiger wird in den nachfolgenden Jahren und Jahrtausenden das Memorandum des Simonides: die Erfindung der Mnemotechnik, der Kunst der Erinnerung. Man hat sogar versucht, diesen ingeniösen Moment einzugrenzen, und das Datum des denkwürdigen Hauseinsturzes auf das Jahr 515 vor Christus gelegt – in Thessalien, in Mittelgriechenland, nicht weit entfernt von Delphi.

Das Orakel, ein Ort der Phantasie. »Das Heiligtum selber war mit Lorbeerzweigen ganz verdeckt, und selbst der angezündete Weihrauch hüllte alles in eine Wolke wie in geheimnisvolles Dunkel ein, das keine frevelnde Neugier zu erforschen wagte. Auch würde sich die Sehnsucht der Sterblichen, dass es wirklich einen Blick für sie in die Zukunft geben möchte, diese Täuschung ungern nehmen lassen, wenn einer auch den Vorhang hätte wegziehen wollen; denn das, worüber man das Orakel fragte, waren größtenteils sehnsuchtsvolle Wünsche für die Zukunft, wozu man die Übereinstimmung der Gottheit erflehte. Und die Täuschung der ganzen Szene selber, worin sich der zweideutige Ausspruch hüllte, war doch dichterisch schön«. Karl Philipp Moritz hat das Orakel in seiner *Götterlehre* von 1791 so poetisch entzaubert, in dem für die deutsche Antikenbetrachtung außerordentlich einflussreichen Buch. Antike und »Täuschung« treten immerzu auf wie Castor und Pollux, die untrennbaren Zwillinge. Täuschung, Selbsttäuschung – sie hat etwas Tröstliches. Sie erfüllt ein Grundbedürfnis.

»Die Malerei ist stumme Poesie, und die Poesie ist sprechende Malerei«, soll Simonides von Keos gesagt haben. Aber niemand weiß, weil niemand außer Simonides das Unglück überlebt hat, ob er darüber die Wahrheit sprach. Sein Bericht muss eindrucksvoll und glaubhaft gewesen sein. Er war ein Dichter und Worterfinder. Wenn Simonides auch nicht gelogen hat, kann er gleichwohl sich selbst und die Umstehenden getäuscht haben: mit Absicht oder als Folge des traumatischen Erlebnisses. Das genau zu unterscheiden, wäre für ihn unmöglich gewesen. Er hat die Trauernden, die Schaulustigen verblüfft, überzeugt und getröstet. Er hat das verlorene Haus wieder aufgebaut. Ironie des antiken Schicksals: Seine poetischen Werke sind nur lückenhaft und unvollständig überliefert, so wie der Antinous-Statue die Gliedmaßen abhanden gekommen sind.

Der Zufall und die Namensgleichheit funktionieren wie ein Scharnier. Es verbindet den Mythos mit der Geschichte. Zweieinhalb Tausend Jahre später, anno 1820, wird auf der winzig kleinen griechischen Insel Symi vor der kleinasiatischen Küste einer geboren, der den Namen des antiken Genies der Erinnerung trägt: Simonides, Vorname Konstantin. Auch ihn treibt ein Genius. Auch seine Kunst schöpft aus dem Vergangenen. Auch er hat eine

Berufung: Fälscher. Ein knappes, böses Wort. Wenn einer zum Mörder wird, sucht man nach seinem Motiv. Sei es Habgier oder Eifersucht, oder sei es, dass jemand einen Mord begeht, um ein anderes Verbrechen zu verdecken. Ebenso hat ein Fälscher Gründe, Hintergründe. Noch seine schlimmsten Feinde werden eines Tages sagen: Simonides ist hochbegabt, ehrgeizig, stolz und unermüdlich, ein Meister seines Fachs. Seine Schriften werden wissenschaftliche Begriffe sprengen, Akademien und Museen erzittern lassen. Er möbliert, schmückt und belebt den verschütteten Raum, in den seine Zeitgenossen so habgierig und wissbegierig eindringen. Britische Gelehrte versetzt er einmal mit der Ankündigung in Raserei, er habe in einem Kloster im Heiligen Land den Katalog der abgebrannten Bibliothek von Alexandria entdeckt, fünf Folio-Bände! Simonides von Keos lebt in Konstantin Simonides fort. Wenn Homer der Urvater der Dichtung ist, dann ist der Gedächtniskünstler von der kleinen Ägäisinsel ihr zu Unrecht vergessener Erzeuger.

Alle Wege des geschriebenen Wortes führen nach Alexandria. In seinem Buch *Die verschwundene Bibliothek* schreibt Luciano Canfora über die Bücherherren von Alexandria, der Hauptstadt der Ptolemäer: »Diese Gelehrten waren die Einzigen, die in einer bestimmten Periode der Geschichte der Bibliothek die berückende Vorstellung genießen konnten, die später zum Traum der Autoren der phantastischen Bibliothek werden sollte: alle Bücher der Welt vor sich versammelt zu sehen. Eine Sucht nach Vollständigkeit und ein Wille, sie zu beherrschen, die dem Impuls nicht unähnlich war, der, nach den Worten eines antiken Rhetors, Alexander zu seinem Versuch veranlasste, ›die Grenzen der Welt zu überwinden‹«. Es ist der Traum des Jorge Luis Borges von der »Bibliothek von Babel«. Der Traum vom »Universum (das andere die Bibliothek nennen)«. Der Bibliothekar, der das Buch »überfliegt«, das der Schlüssel zu allen anderen ist, er ist »einem Gott gleich«.

DAS GIFT-ATTENTAT

Seine Wiege stand auf Hydra – oder auf Symi. Der Fälscher wird in den griechischen Unabhängigkeitskrieg hineingeboren. Er will sich mit Gewalt von der Herrschaft des Vaters und den Übergriffen des Onkels Benedikt befreien. Er wird auf den Athos verbannt.

Wahrscheinlich ist ja jede Kunst, Wissenschaft und Philosophie, soweit es jeweils möglich war, oftmals gefunden worden und wieder verloren gegangen, und es haben sich diese Vorstellungsformen gewissermaßen als Überreste bis auf den heutigen Tag erhalten.

ARISTOTELES, *Metaphysik*

SO WIE BÜCHER in Bibliotheken über- und nebeneinander stehen, schichtet sich die Zeit auf alten Schriftrollen. Das Palimpsest: materiell und technisch bloß eine Tierhaut, ein Papyrus, ein Stück tote Natur, das wegen der Knappheit und Kostbarkeit des Stoffs mehrfach beschrieben, abgerieben, überschrieben wird, ein vom Zufall bestimmtes *work in progress* über Jahrhunderte. Ein Autor, oder auch nur ein Schreiber, arbeitet in fremdem Gelände, auf nicht mehr jungfräulicher Haut, die ursprünglichen Schichten scheinen durch. Der Untergrund drückt gegen die Oberfläche, und die Oberfläche schaukelt auf sich kräuselnden Wellen. Buchstaben, Daten umschlingen einander. Ein Modell der Erinnerung, wie Sigmund Freuds »Wunderblock«, und ein Mysterium des Alltags: »Was anderes ist das menschliche Gehirn als ein natürliches und gewaltiges Palimpsest? Ein solches Palimpsest ist mein Hirn; ein solches Palimpsest, oh Leser, ist deines. Ideen, Bilder, Gefühle sind in dein Hirn eingesunken, sanft wie Licht. Und jedes Neue scheint all das, was vorher war, zu begraben. Aber tatsächlich geht nicht eine Schicht verloren«, begeistert sich 1845 der englische Essayist Thomas de Quincey.

Wann wurde Konstantin Simonides geboren? Im Jahr 1820 auf der Insel Symi, wie es einige seiner Äußerungen nahelegen?

Eine Geburtsurkunde oder Ähnliches ist nicht überliefert, es existiert keine Biographie, die man konsultieren könnte. Man findet ihn als Fußnote in den Lebensbeschreibungen berühmter Wissenschaftler, als Bocksfußnote, die so manche Karriere hinunterzieht. Als halte er sich in fremden Lebensläufen versteckt. Man fühlt sich an die Geschichte des Simonides von Keos erinnert: Konstantin Simonides hat einen biographischen Trümmerhaufen hinterlassen. Es bedarf einer speziellen Mnemotechnik, einer von den beiden Simonides' inspirierten Erinnerungsrecherche, um dieses Leben zu rekonstruieren. Es gilt, die Kette der Faktenfälschungen zurückzuverfolgen, Konstantin Simonides' Methode umzukehren und gleichsam zurückzufälschen, so lange, bis das Bild ebenso wahrhaftig und wahrscheinlich fixiert werden kann. Der französisch-amerikanische Schriftsteller Raymond Federman, ein Überlebender des Holocaust, sagte: »Man erfindet die Biographie nach den Fakten.«

Konstantins erste Lebensjahre gleichen der untersten Lage eines Palimpsests; mit unsichtbarer Tinte geschrieben oder gründlich mit Bimsstein radiert. Man liest, was man lesen will. Wo schreit sich seine Mutter schier um den Verstand bei seiner Niederkunft, wo zerreißt sie ein stummer Schmerz? Wo also steht seine Wiege? Wie widersteht man der Versuchung, einen notorischen Lügner zu idealisieren? Seinem luftigen Lügengebäude – es regt die Phantasie an wie eine antike Ruine – liegt eine bezwingende Größe, eine natürliche Raffinesse zugrunde. Ehrliche Menschen gehen nicht in die Geschichte ein.

Schöpft man aus anderen Quellen, verschiebt sich die Geschichte um ein paar Jahre – und nach Westen. Dort stellt es sich jetzt so dar: Auf dem ebenso mickrigen wie trockenen Eiland Hydra erblickt im Jahr 1824 ein Junge das Licht der griechischen Inselwelt, der einmal eine Persönlichkeit mit vielen Gesichtern sein wird – Konstantin Simonides. Hydra, das vielköpfige Ungeheuer der Mythologie; die abgeschlagenen Köpfe wachsen sogleich nach. Herkules kämpft mit der schier unbesiegbaren Schlange. Das würde passen, der Geburtsort wäre ein allzu schönes Omen. Schließlich wird sich der kleine Konstantin einmal für Herkules und seine ruchlosen Heldentaten begeistern; in der Not nimmt er sich den Halbgott zum Vorbild.

In Urzeiten war Hydra, siebzig Kilometer südlich von Athen, eine wasserreiche und fruchtbare Insel, so kam sie zu ihrem Namen. Symi, der erstgenannte Geburtsort, liegt in der südlichen Ägäis, wenige Kilometer vom türkischen Festland entfernt. Symi und Hydra könnten Schwestern sein: Beide Inseln messen rund 65 Quadratkilometer in der Fläche und verzeichnen eine höchste Erhebung von 600 Metern über dem Meeresspiegel des Saronischen Golfs bzw. der Dodekanes. Und noch etwas verbindet die beiden Orte, die posthum um Simonides konkurrieren. Die auf Symi gebauten Schiffe galten als so wendig und schnell, dass sie das Privileg des osmanischen Seepostdienstes genossen. Noch viel mehr hält Hydra (und die nicht weit entfernte Insel Spetses) auf seine nautische Tradition. Die Handelsflotte der Hydrioten wird zur gefährlichsten Waffe im Unabhängigkeitskrieg gegen die Türken. Am Hafen von Hydra, zwischen Boutiquen für Badebekleidung und antikisierendem Souvenirramsch, liegt das Inselmuseum. Bescheiden ausgestattet, heroisch im Anspruch. Hier blicken sie heute den Besucher finster an, die Admiräle und Kapitäne des Freiheitskriegs, die Inselkönige mit ihren Freibeuter- und Halsabschneiderphysiognomien. Wer Wahrheit sucht, findet in diesen untoten Augen nur Hohn und Spott.

Der griechische Guerilla- und Piraten-Aufstand neigt sich dem Ende zu – oder er steht unmittelbar bevor –, als Konstantin Simonides auf die Welt kommt. Jetzt muss man sich entscheiden. Jetzt muss man eine Münze werfen oder die einschlägigen Schriften zur Abstimmung bitten. Am Ende gibt der Instinkt den Ausschlag für Symi. Das ist sein Geburtsort, nicht Hydra. Nahezu sämtliche biographischen oder pseudobiographischen Erwähnungen von Simonides – viele sind es ohnehin nicht, und sie sind auch nicht umfangreich – deuten auf Symi als Geburtsort und auf das Jahr 1820. Bei näherer Betrachtung allerdings scheinen sie auch alle voneinander abgeschrieben zu haben, das zieht sich durch bis in unsere Zeit. Fälschungen ziehen Fälschungen an. Eine vergleichsweise seriöse Recherche wird im Zusammenhang mit der Artemidorus-Affäre bekannt. Haris Kalligas, die frühere Direktorin der Gennadios Bibliothek der American School of Classical Studies in Athen, hat Überreste des Simonides'schen Elternhauses ausfindig gemacht und Symi als Geburtsort von Konstantin belegt, soweit man sich bei dieser quecksilbrigen Existenz auf irgendetwas verlassen kann. Und was das Inselhüpfen betrifft: Mit der Hydra-Variante wollte er sich in die Nähe der griechischen Freiheitskämpfer bringen und sich vom Elternhaus distanzieren.

Aber was sind schon vier Jahre oder vierhundert Kilometer Unterschied im Leben eines Fälschers? Kann man sagen, dass ein Mensch lügt, wenn er erwiesenermaßen niemals die Wahrheit sagt? Schließlich bewegt er sich in jenem geschlossenen System, das man gemeinhin Biographie nennt. Jeder erfindet seine eigene Biographie anhand der Fakten, die er in die Hand bekommt, von Eltern, Behörden, Kirchenregistern, Krankenhäusern, Ärzten, Arbeitgebern. Aber das setzt natürlich die Existenz solcher Instanzen voraus, und ihre Zuverlässigkeit. Im türkisch besetzten Griechenland des frühen 19. Jahrhunderts, und nicht nur dort, stößt der Drang nach belegbaren Daten schnell an Grenzen. Hier jedenfalls, bei diesem griechischen Untertan, hat die für ihre Penibilität berüchtigte osmanische Bürokratie versagt.

Was nicht zu beweisen ist, ist auch nicht zu widerlegen. Und Hydra hin, Symi her: Konstantin Simonides wird später verbreiten, dass seine wahren und tieferen Wurzeln auf Chalkidiki liegen, im Norden Griechenlands, und dass er in direkter Linie von Aristoteles, dem Lehrer Alexanders des Großen, abstammt. Von

Aristoteles aus Stagira, einer Kleinstadt in den Bergen, deren Wahrzeichen heute eine Statue des berühmtesten aller Philosophen ist. Ein Konstantin-Simonides-Denkmal steht nirgendwo in Griechenland, was schriebe man auch drauf: *Berühmter Altertumsforscher, der es mit der Wahrheit nicht so genau nahm? Griechischer Patriot, der vielen Missverständnissen zum Opfer fiel? Begnadeter Fälscher. Er war so gut wie das Original?* – Konstantin Simonides hat exakt nachgerechnet und führt die Genealogie seiner Familie über schwindelerregende 88 Generationen auf Aristoteles zurück. Was nicht zu widerlegen ist, bedarf keines Beweises. Wenn man, mit einem Bild von Thomas Mann, annimmt, dass eine Generation stets auf der Schulter der vorigen steht, hat man einen gewaltigen wackligen Turm von Geistesakrobaten vor sich, der einen langen und berühmten Schatten auf Konstantin wirft. Fein hochgestapelt, ein narrensicherer Türöffner: *Simonides von Stagira.*

Aber auch ohne Aristoteles müsste sich Konstantin seiner Herkunft nicht schämen. Simon Simonides, der Vater, geboren 1788, ist Arzt, ein angesehener Mann. Die Familie bewohnt ein dreistöckiges Herrenhaus am Hafen von Symi, eine hochgemauerte Trutzburg im traditionellen Stil. Heimlich unterstützt der Vater die griechischen Unabhängigkeitszirkel, er ist selten zu Hause. 1821 – Konstantin ist ein Jahr alt – erheben sich die Griechen auf dem Peloponnes gegen die Türken. Anderswo scheiterten sie fürs Erste, und das ganze Unternehmen ist anfangs bestenfalls ein lokaler Erfolg, der Konstantinopel noch wenig kratzt. Im Norden marschiert General Alexander Ypsilantis mit 450 Mann – ein Freiwilligentrupp von Studenten und Bauern – in der Moldau ein. Doch die Rumänen attackieren nicht wie geplant die Türken, sondern die wohlhabenden griechischen Bürger. Ein bescheidener Aufstand in Konstantinopel endet mit einem Fiasko: Der griechisch-orthodoxe Patriarch wird aufgehängt. General Ypsilantis zieht sich nach Wien zurück, wo er bald stirbt: als

Nationalheld der Griechen. Ein leuchtendes Beispiel von Größenwahn und Minderwertigkeitsgefühl. Bis in deutsche Lande verbreitet sich Ypsilantis' Ruhm. Ein Musikstück mit seinem Namen wird zum Schlager an den Höfen. Der achtjährige Richard Wagner findet den Ypsilantis-Walzer »wunderbar«.

Konstantin wächst in einer Großfamilie auf, im Windschatten des Kriegs, der Symi nicht unmittelbar berührt. Die Situation im Elternhaus ist bedrückend. Simon Simonides hat vier Kinder aus erster Ehe: Konstantin, der nach dem Großvater benannt ist, Photios, Anna und Ioannis. Photios ist taub, Ioannis kümmert sich um ihn, die beiden sind unzertrennlich wie Zwillingsbrüder. Ihre Mutter ist leidend und stirbt früh, um das Jahr 1830, ihr Name wird nirgendwo erwähnt. Simon heiratet ein zweites Mal: Maria. Mit ihr hat Simon noch einmal sieben Kinder, fünf Söhne und zwei Töchter. Stilpon, der Erstgeborene aus der zweiten Ehe, wird sein erklärter Liebling, Maria wird von Simon vergöttert. Den Kindern der ersten Frau begegnet der Vater korrekt, aber kalt, wie ein Arzt seinen Patienten. Ioannis und Photios sterben mit nicht einmal zwanzig. Anna wird früh heiraten und die Insel verlassen. Es wirkt wie eine langsame Vertreibung, ein Auslöschen des älteren Familienteils.

Immerhin verfolgt Simon mit seinem Ältesten Pläne. Mit zehn Jahren wird Konstantin auf die Insel Aigina geschickt, auf eine höhere Erziehungsanstalt, die der Politiker Ioannis Antonios Graf Kapodistrias gegründet hat. Auf Aigina lernt Simonides die klassische Bildung kennen und erwirbt auch einige Fremdsprachenkenntnisse. Ein großes Privileg zu jener Zeit, nur sehr wohlhabende Familien können sich eine solche Ausbildung für ihre Kinder leisten. Kapodistrias, wie die meisten Anführer des Griechenaufstands eine zwielichte, tragische Gestalt, wird 1828 zum ersten Präsidenten des unabhängigen Griechenland gewählt und drei Jahre später – die junge Nation ist heillos zerstritten – auf Korfu ermordet. Simon Simonides hat Kapodistrias in außenpolitischen Fragen beraten. Als die griechischen Inseln eine teilweise Autonomie erreichen, steht sich Simon gut mit den Türken und Sultan Mahmoud, er wird mit türkischen Orden ausgezeichnet. Auch mit russischen, französischen und spanischen Ehrenzeichen soll Simon dekoriert worden sein. Er hat sie aber nie getragen, aus einer tiefen Abneigung gegen »glitzerndes Metall«. »Früher«, so sagt er, »haben die Könige Schurken ans Kreuz gehängt, heute hängt man Schurken Kreuze um.«

In Simons eigenem Haus geht ein Schurke mit Kreuz ein und aus: Onkel Benedikt. Ein Freund der Familie, kein Blutsverwandter, alle nennen ihn von jeher Onkel und einen frommen Mann. Ein Mönch, so heißt es, ein Mann mit kirchlicher Autorität und höchsten politischen Verbindungen. Wahrscheinlich fungiert er in den chaotischen Jahren des Aufstands als Bote und Agent. Wenn Benedikt in Symi eintrifft, zieht er sich sofort mit Simon zu einem langen Gespräch zurück. Konstantin erscheint es, als habe er zwei Väter, die unbezwingbar, unerreichbar über ihm stehen. Von Simon fühlt er sich wegen der Stiefmutter und den zahlreichen neuen Geschwistern zurückgesetzt. Der Vater sucht nicht seine Nähe. Immer soll Konstantin etwas tun und besorgen oder nach draußen gehen, wenn der Vater im Raum ist. Der Onkel bringt den Kindern kleine Geschenke, die er auf ihre Betten legt, er verbreitet einen seltsamen Geruch, der sich lange hält, nachdem er das Haus verlassen hat.

Hier, in der untersten Schicht des Palimpsests, liegt ein von Scham und Schmerz scharf bewachtes Geheimnis. Konstantin ist sieben Jahre alt, als Onkel Benedikt ihn zum ersten Mal nachts in seinem Zimmer heimsucht, das er mit seiner Schwester Anna teilt. Photios und Ioannis schlafen nebenan, sie bemerken nichts. Anna rührt sich nicht, und falls sie etwas mitbekommt, will Konstantin sie da nicht hineinziehen. Es ist besser, zu schweigen. Wenn man von den Dingen nicht spricht, dann verschwinden sie. Aber Benedikt kommt wieder. Im Dunkeln schiebt er sich mit seiner schwarzen Kutte durch die Tür, die sich nicht verschließen lässt. Er bleibt nicht lang, aber was für eine Ewigkeit sind fünf oder zehn Minuten, wenn man glaubt, ersticken zu müssen. Konstantin muss danach in den Hof, um sich zu übergeben. Er wird am Morgen ausgeschimpft, wenn er die Familie in der Nacht mit seinem Gepolter aufgeweckt hat. Er lernt, sich lautlos durch das dunkle Haus zu schleichen. Manchmal gelingt es ihm, in einem Versteck zu schlafen und vor Morgengrauen in sein Bett zurückzuschlüpfen, ohne dass jemand ihn gesehen hat. Anna weiß Bescheid, oder sie ahnt, was vor sich geht. Aber *dafür* gibt es keinen Namen. Und Benedikt ist ein ehrenwerter Mann.

Die Wege übers Meer sind lang und gefahrvoll, besonders im Winter. Das führt einmal dazu, dass Benedikt fast ein halbes Jahr nicht auftaucht in Symi. Ein andermal halten ihn die Winterstürme auf der Insel fest. Im Sommer, wenn die See glatt und der Himmel hell und blau ist, fürchtet Konstantin die Ankunft der Schiffe. Aber auch ein harter, langer Winter kann zum Sommer werden, wenn Benedikt den für die Abfahrt günstigen Moment verpasst. Konstantin hat keine Worte für die Qual, und wäre es anders, der Vater glaubte ihm niemals – so wie er immer von Benedikt spricht, als wäre er ein Heiliger, ein Held oder ein politischer Führer. Obendrein begleitet Konstantin bereits der Ruf eines kleinen Träumers und Phantasten. Wie nichts anderes auf der Welt liebt er die alten Geschichten, sie machen ihn stark. Das Kind, das von den Aktionen des Herkules hört, wird von dem schwindelnden Gefühl ergriffen, neben dem Halbgott zu stehen, wenn er der Hydra die Köpfe abschlägt, wenn er wilde Eber jagt, Flüsse umleitet und die eigene Frau, die eigenen Kinder ermordet. Odysseus begeistert ihn, dieser Mann, der auf Schiffen lebt, bei liebevollen, schönen Frauen, auf verwunschenen Inseln und an fremden Höfen und keinem Menschen, keinem Gott vertraut, nur seiner List. Es gefällt Konstantin, wie vielgestaltig der Tod auftritt in der Welt der Mythologie. Es ist eine bessere Welt, mit gerechten, grausamen und schlau ausgedachten Strafen.

Endlich auf Aigina, in der Schule, lernt er viele andere schöne und grausame Geschichten kennen. Dort ist er frei, er genießt die strengen Regeln der Anstalt, sie bedeuten Sicherheit. Aber war er jemals dort, auf dieser feinen Schule? Oder hat er sich nur weggeträumt von Symi, von einem Vater, der ihn nicht liebt, von der Frau des Vaters, die ihm kein gutes Wort gibt, von einem Onkel, der ins Gefängnis gehört, wenn es denn für einen wie ihn einen Richter gäbe, ein Gesetz, einen Tatbestand. Der kleine Konstantin denkt sich eine Menge aus, die Lehrer auf Aigina beurteilen ihn günstig. Soll man dem Jungen die Schule wegnehmen, die vielleicht glücklich zu nennende Zeit der Kindheit ohne Benedikt, nur weil die Quellenlage so dünn ist? Wo sonst hätte er so viel gelernt? Philosophie und Geschichte werden seine stärksten Fächer. Schwach ist er beim Sport im Gymnasion.

Nun kommt er nach drei oder vier Jahren zurück, zuhause hat sich nichts geändert. Nur immer mehr Geschwister, Halbgeschwister von der Frau seines Vaters. Anna wirkt still und leidend wie ihre Mutter, Simon ist vielbeschäftigt, immer noch auf Reisen, und wenn er zuhause ist, scheint es ehernes Gesetz zu sein, dass Benedikt vom Himmel fällt, dass der Onkel wie eine Schlange aus der Höhle kriecht, dass sich schon wieder ein Besuch »aufs Schönste und Gelegenste« ergibt, so wie seit Jahr und Tag. Doch, es hat sich einiges geändert, seit Konstantin von Aigina nach Symi in das Haus am Hafen heimgekehrt ist, das ihm nun nicht mehr so groß und trutzig erscheint: Er ist ein Junge von vierzehn oder fünfzehn Jahren, nicht sehr kräftig und nicht sehr groß gewachsen, aber kein Kind mehr, nach damaliger Ansicht schon bald ein Mann. Nach dem Vater der Älteste im Haus, was niemand respektiert, schon gar nicht Maria, Simons Frau. Konstantins Kindheit ist vorüber, sie könnte ausradiert werden, die unterste Schicht auf der Palimpsest-Haut, und schlägt doch immer wieder durch.

Etwas Neues tut sich auf: Simon spricht von der Möglichkeit, Konstantin nach Athen zu schicken, in eine Lehre, da könne er sich mit seinen alten Büchern und Geschichten beschäftigen. Konstantin möchte seinen Vater umarmen, wenn es dafür eine Familientradition gäbe. Er fühlt sich, wenn nicht geliebt, so doch verstanden. Simon bittet ihn sogar in sein Arbeitszimmer, er hat noch etwas mit dem Sohn zu besprechen. Für Athen seien die Vorkehrungen getroffen, Konstantin könne sich dafür auch bei seinem Onkel bedanken. Zuvor aber, offenbar sind sich die beiden Männer schon einig geworden, soll er Benedikt bei Arbeiten in Klöstern irgendwo weit im Norden zur Hand gehen. Er werde dabei herumkommen und manches lernen, später werde Benedikt ihn dann sicher nach Athen geleiten. Er sitzt wieder in der Falle. Sie haben ihn getäuscht. Sein Vater hat ihn verraten und verkauft, endgültig.

Konstantin packt die Angst, panische Wut. Er weiß es sofort. Er wird seinen Vater und seine Stiefmutter töten. Er wird sie vergiften. Er hat es vor Augen, als habe er es jahrelang geplant. Er wird ihnen etwas ins Essen mischen. Er ist der Sohn eines Arztes, er kennt sich aus. Simon Simonides leidet an Asthma und nimmt Arsen, damals ein gebräuchliches Mittel, von dem man glaubt, es stärke – in geringsten Dosen verabreicht – die Lungen. Konstantin wartet keinen weiteren Tag ab. Aus dem Apothekerschrank im Zimmer des Vaters holt er das Gefäß, und für einen Moment wird ihm heiß bei dem Gedanken, er selbst würde auf der Stelle das Gift schlucken, zusammenbrechen, Blut und Schleim herauswürgen und noch auf der Treppe verenden wie ein Tier. Aber stärker, verlockender ist die Vorstellung, sein Vater leere mit großer Gelassenheit den Schierlingsbecher, und die Stiefmutter tue es ihm nach. Konstantin ist in der Küche angekommen. Die Haushälterin legt Holz im Ofen nach. Konstantin schüttet das

Arsenpulver, das jetzt ihm die Heilung bringen soll, für immer, in den Topf auf dem Herd. Die Haushälterin trägt das Essen auf, Simon und Maria essen allein, wenn Simon zuhause ist, die Kinder werden in der Küche von der Haushälterin versorgt. Wenn Benedikt zum Essen bleibt, umso besser. Konstantin hasst die Vaterfigur so innig wie den Erzeuger.

Er geht in die Küche zurück. Er hört die Stimmen oben. Sie reden und reden. Nichts geschieht. Ein langsamer Tod, gut so. Es wird ein böses Erwachen geben, malt er sich aus, niemand da oben wird die Nacht überstehen, niemand wird ihn in der Dunkelheit besuchen. Konstantin liegt wach bis zum Morgen, und er erhebt sich in der Früh wie ein Mann, der nach einer schweren, mühevollen Arbeit lang und tief geschlafen hat. Und dann hört er die Stimmen. Und dann setzt seine Erinnerung aus. Konstantin Simonides' erwachsenes Leben beginnt wie der griechische Unabhängigkeitskrieg mit einem grauenvollen Fehlschlag. Sein Versuch, Vater und Stiefmutter in Notwehr zu töten, scheitert.

Es ist wohl nicht genug von dem Gift im Haus gewesen. Simon erholt sich nach zwei Tagen, Maria zeigt keinerlei Vergiftungssymptome, und Benedikt hatte sich nach einer langen Reise auf sein Gästezimmer zurückgezogen und nichts gegessen. Es kommt heraus, weil der Vater seine Medizin vermisst und Konstantin die Kunst des Lügens noch nicht vollkommen beherrscht. Bei der ersten peinlichen Befragung bricht er zusammen.

Der Giftmischer wird verbannt. Simon Simonides reagiert so schnell, so kalt, so bestimmt, wie der Sohn seine Tat ausgeführt hat. Lebenslänglich. Den Vater sieht er nie mehr wieder. Eine harte Strafe, aber nur zu seinem Besten, wie sie sagen. Knapp und feierlich wird es verkündet: Er wird zum Berg Athos geschickt, zu den Klöstern, dorthin wird er den Onkel begleiten. Was Konstantin um jeden Preis verhindern wollte. Es trifft ihn wie eine Keule. Das Gift, das seinen Erzeuger und dessen Frau umbringen sollte – hätte er es nur selbst geschluckt. Benedikt hat sich bei dem kurzen Prozess im Hause Simonides im Hintergrund gehalten. Jetzt mischt er sich ein und bietet sich als Retter an. Feierlich erklärt er, er müsse und könne den Jungen retten, wenn er ihn mitnimmt an diesen Ort, es sei der einzige und richtige Weg. Für Konstantin bedeutet dieser Richtspruch nur eines: ein Rückfall, die Verlängerung seiner schrecklichen Kindheit. Die beiden älteren Brüder rühren sich nicht. Anna schenkt ihm zum Abschied ein kleines hölzernes Kreuz. Konstantin wird über die folgenreiche Giftepisode zeit seines Lebens schweigen. Hätte er den Mordversuch in späteren Jahren erwähnt, wäre man geneigt, die Geschichte für eine Räuberpistole zu halten. Anschläge auf seine Person, seine Ehre dagegen schmückt er beharrlich aus, er wähnt sich gern und häufig verfolgt.

Der Athos ist der Heilige Berg, das geistliche Zentrum der griechischen Orthodoxie. Die Mönche in den hohen Burgen auf dem dritten Finger der Chalkidiki leben nach strengem Gesetz. Kein weibliches Wesen darf den »Garten der Jungfrau« betreten. An diesen Ort muss Konstantin dem Onkel folgen. Homosexualität ist in den tausend Jahre alten Klöstern ein Tabu – und verbreitete Praxis. Ein Athos-Mönch hat es im 19. Jahrhundert so formuliert: »Von allen Sünden der Mönche ist sie nicht die schlimmste. Es ist eine Sünde des Fleisches, die das Gelübde der Keuschheit verletzt, die aber auch zur Quelle der Liebe werden kann. Die gefährlichsten Versuchungen, die dem Mönch auflauern, sind die des Stolzes und des Zweifels. Denn diese zerstören und zerfressen die Seele. Und es ist die Seele, die wir an diesem Ort wiederfinden und erretten wollen.«

Auf dem Heiligen Berg ist es wie auf hoher See, Athos-Geschichten erinnern an Seemannsgeschichten. Der Berg versetzt den Glauben. In eine Matratze eingenäht, halb erstickt, schafft es die französische Journalistin Maryse Choisy Mitte der zwanziger Jahre des 20. Jahrhunderts durch die Grenzkontrollen des Agion Oros, des Heiligen Bergs. *Un mois chez les hommes*, nennt sie später ihr Buch. Sie hat sich das Haar geschoren und die Brust operieren lassen (!). Einen ganzen Monat hält sie sich dort auf, in Sack und Hosen – offiziell der junge Assistent eines Geschäftsmannes. »Zum ersten Mal erkannte ich, dass Luft ein Geschlecht hat. Es gibt männliche und weibliche Luft. Die Luft auf dem Berg Athos ist männlich«, schreibt Choisy über die ersten Momente nach ihrer Ankunft im kleinen Hafen Daphni. In der Athos-Hauptstadt Karyes, einem verschlafenen Mönchsdorf, begegnet ihr, was sie die »weibliche Hälfte« des Berg Athos nennt – die bartlosen Novizen. »Einige hatten die versonnene, sehnsuchtsvolle Schönheit eines Antinous, mit langem Haar …«. Auf dem Athos steht die Zeit still, ein Gewässer ohne Zu- und Abfluss, wie Maryse Choisy beobachtete. Wenn sie denn wirklich den Athos betreten und nicht bloß ihre quicklebendige Phantasie auf dem Heiligen Berg spazieren geführt hat.

Konstantin sitzt in einer splendiden Falle. Von Benedikt wird er vieles lernen, den Umgang mit alten Manuskripten, die technischen Feinheiten von Schrift und Zeichnung, vor allem lernt er das Lügen, die Wertlosigkeit weltlicher Wahrheit. Und wie man sein Leben umdeutet, wenn man es selbst nicht in der Hand hat und sich nur lautlos und unsichtbar wehren kann. Eine Frau wird es in seinem Leben nicht geben. Der »Weiberfeind« Simonides, so wird es heißen. Ein altes Codewort für homosexuell. Später begegnet man Benedikt als »Abt von Panteleimonos« wieder, so deutet Simonides selbst seine Geschichte um: In diesem Athos-Kloster hat nie ein Vorsteher mit dem Namen Benedikt existiert. Simonides adelt den Mann, der ihn missbraucht hat, er verwandelt seine Scham in zählbares Kapital. Ein Akt der Fälschung, um weiterleben zu können.

Ohne den Athos erlebt zu haben, kommt man Simonides nicht nah. Es ist sein zweiter Geburtsort, und vieles hat sich dort seit seiner Zeit nicht verändert. Schon wenn man morgens am Hafen von Ouranoupoli die Pilger beobachtet, die auf die Athos-

Fähre warten, wird die Gravitation des Berges spürbar. Unausgeschlafene, unrasierte Männer sitzen rauchend in den Cafés, mit den Mönchen, schleppen ihr Reisegepäck auf den Quai. Der Anblick hat etwas Militärisches, und er kommt der Vorstellung von einer Überfahrt in die Unterwelt sehr nah. Sie kehren zurück, nach vier Tagen oder einer Woche in den Klöstern, sie haben ihre Mobiltelefone dabei und Alkohol im Rucksack. Doch wenn die Fähre ablegt, mit den Baumaschinen, den blitzblanken schwarzen Geländewagen der Klöster, mit Kisten und Kasten und ihrer rein männlichen Besatzung, dann hat der Moment etwas Endgültiges.

Eine Flucht vor dem Ich. Vielleicht auch nur ein Fluchtversuch, der den Abtrünnigen schließlich auf sich selbst zurückwirft, in der vibrierenden Totenstille der Klöster. Als könne man die Sexualität über Bord werfen oder am Ufer zurücklassen. Eine faszinierende, sinistre Idee – die Kehrseite der strahlenden Antike. Johann Joachim Winckelmann war ihr auf fatale Weise verfallen. Winckelmann hat das deutsche Bild von den Griechen tief und anhaltend geprägt, unsere Museumskultur, wo die Antike auf den höchsten Podesten steht und alles überragt. Idealisierung als die höchste Schule der Fälschung! Angesicht einer Statue des Gottes Apollon schwärmte er vom »schönen Nackenden«. Viel Verstellung und Verleugnung lag in Winckelmanns Griechenland-Begeisterung. Er hat das Land seiner Sehnsucht nie besucht, sich vielmehr an römischen Kopien berauscht. 1768 wird der Kunsthistoriker in einem Hotel in Triest von einem jungen Mann erstochen, einem kleinen Kriminellen namens Francesco Arcangeli. Winckelmann hatte sich mit dem *Erzengel*, der schon eine anständige kriminelle Vergangenheit besaß, unvermeidlich angefreundet.

Auf ähnliche Art und Weise wird eines Tages auf einem Sportplatz bei Ostia Pier Paolo Pasolini eines gewaltsamen Todes sterben. Sein Mörder ist siebzehn.

UNTER MÄNNERN: VERBANNUNG AUF DEM HEILIGEN BERG ATHOS

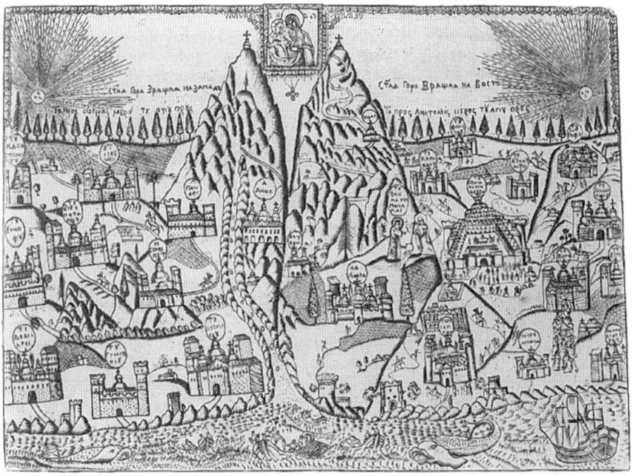

Auf dem Heiligen Berg leben die Männer unter sich. Selbst weibliche Tiere sind auf dem dritten Finger der Chalkidiki verboten. Die Athos-Klöster bergen in ihren tausend Jahre alten Mauern unermesslichen Schriftenreichtum. Plünderer sind unterwegs. Benedikt und Konstantin heben einen Schatz.

DIE GÖTTER wohnen auf den Bergen. So sind sie der Sonne näher, im Himalaya, in den Anden, auf dem Berg Athos. In flacheren Landschaften, in der ägyptischen Wüste oder auf der Halbinsel Yucatan, bauen gottgleiche Herrscher künstliche Massive: Pyramiden.

Eine der frühesten Schriften von Konstantin Simonides berichtet von einem byzantinischen Maler des 5. Jahrhunderts namens Panselinos. Er entwickelte, so heißt es da, die Heliotypie, ein Verfahren, mittels Sonnenstrahlen Heiligenbilder zu malen. Als Quelle gibt Simonides einen Athos-Mönch des 15. Jahrhunderts an, Dionysios. Eine phantastische, allzu frühe Erfindung – und der Versuch, die neoplatonisch gestützte Philosophie der Ikonenmalerei technisch zu erklären.

Licht aus höheren Sphären, der Abglanz der Herrlichkeit Gottes strahlt von den Ikonen. Sie sind Fenster zu einer anderen Welt. Das menschliche Auge reflektiert dieses ferne Licht. »Man kann sagen, dass religiöse Kunst im Osten den Menschen auf Gottes Ebene und im Westen Gott auf des Menschen Ebene zu bringen sucht«, erklärt Patrick Leigh Fermor in seinem großen Griechenland-Buch *Mani* (1958) den Unterschied zwischen den Welten, die seit der Aufspaltung in Ost-Rom und West-Rom seltsam familiär-fremd nebeneinander existieren, bis heute. Fermor bildet die Verbindung der großen (britischen) Reiseschriftsteller des 19. und frühen 20. Jahrhunderts zu Bruce Chatwin. Er war Chatwins Vorbild und Freund. Fermor hat Chatwins Asche auf dem Peloponnes begraben, neben einem uralten byzantinischen Kirchlein, das Chatwin sehr geliebt haben soll.

Malerei aus Licht. Meister wie Panselinos sind im Westen weithin unbekannt. Das schmerzt Simonides, und er macht es sich zunutze. Er irrt, er liest nicht genau, er nimmt die historischen Daten nicht ernst, er verdreht sie. Und trifft doch den Kern der Sache. Manuel Panselinos hat existiert, allerdings um das Jahr 1300. Er war einer der bedeutendsten Vertreter der Makedonischen Malschule, hatte seine Werkstatt in Thessaloniki. Panselinos und seine Assistenten schufen in den Klöstern der Großen Lavra, in Vatopedi und im Athos-Hauptstädtchen Karyes Fresken. Man kann sie dort besichtigen. Es sind zarteste Abbilder verklärter Individuen; was für ein Gegensatz zum gnadenlos harten Leben der Mönche, die sie betrachten und ihnen vielleicht nacheifern. Auch Dionysius hat gelebt – im frühen 18. Jahrhundert. Von ihm stammt ein berühmtes Athos-Malerbuch mit streng detaillierten Vorschriften für Ikonenmaler. Im 19. Jahrhundert, in der Epoche der Forscher und Fälscher, beginnt ihre Sorgfalt nachzulassen, die so lange bewahrte Tradition reißt ab.

In Frankreich macht kurz zuvor Joseph Nicéphore Niepce, ein ehemaliger Offizier der napoleonischen Armee, eine weitreichende Entdeckung. Er beschichtet eine Zinkplatte mit lichtempfindlichem Asphalt und setzt sie in einer Camera Obscura Lichtstrahlen aus. 1826 entsteht die erste Fotografie. Eine schattige Aufnahme von Häusern und Dächern, das Urbild des kommenden visuellen Zeitalters. Niepce nennt seine Erfindung Heliographie. Er stirbt bald darauf. Andere bauen auf seiner genialen Idee auf, Louis Daguerre und William Henry Talbot Fox. Die fotografische Eroberung der Welt beginnt, kaum dass Simonides das Licht der Welt erblickt hat. Aber nicht nur die ingeniösen Revolutionäre, auch die Skeptiker, die Angsterfüllten und Verbohrten trumpfen zu jener Zeit auf, wie immer, wenn sich eine technisch-kulturelle Umwälzung ankündigt. 1839 wird im *Leipziger Anzeiger* das der Idee nach vielleicht gar nicht so neue Medium der Fotografie rundweg verteufelt: »Flüchtige Spiegelbilder festhalten zu wollen, dies ist nicht bloß ein Ding der Unmöglichkeit, sondern schon der Wunsch, dies zu wollen, ist eine Gotteslästerung. Der Mensch ist nach dem Ebenbilde Gottes geschaffen worden, und Gottes Bild kann durch keine menschliche Maschine festgehalten werden. Gott soll plötzlich seinem urewigen Gesetz untreu werden und es zulassen, dass ein Franzose in Paris eine Erfindung teuflischster Art in die Welt setzt.« Die Argumente der Bilderstürmer, der Ikonoklasten des achten und neunten Jahrhunderts in Konstantinopel, waren absolut gleichlautend: Sie zerstörten die Ikonen in Kirchen und Klöstern, kratzten und hackten ihnen die Augen aus. Auch das Christentum kannte einmal, wie die Juden und die Muslime, eine zuweilen militante Bilderfeindschaft.

Ein Fälscher, schreibt Paul Veyne *(Glaubten die Griechen an ihre Mythen?),* ist seinem eigenen »Wahrheitsprogramm« verpflichtet, nicht anders als ein gewissenhafter Historiker. Danach stehen bei den alten Griechen »Mythos und Logos nicht im Gegensatz wie Wahrheit und Lüge«, sie existieren nebeneinander. Sie schließen sich nicht aus, sie ergänzen sich. »Ein Fälscher ist ein Mann, der sich im Jahrhundert geirrt hat«, sagt Veyne. Der Satz gilt im Vor- wie im Rücklauf. Noch oft wird sich zeigen, dass Konstantin Simonides nicht nur seiner Zeit, sondern auch entfernten Epochen voraus sein wollte. Einmal verwandelt er sich in einen Mann des Mittelalters, ein andermal übernimmt ihn das hellenistische Denken, dann wieder geriert er sich eindrucksvoll als Byzantiner. Er lebt in wechselnden Parallelwelten. In seinem volatilen Geist wird die Willkür der Epochenbestimmung deutlich; er hält sich nicht daran. Er datiert um, datiert vor, er will seine Hand in der Geschichte haben, die er zur Gegenwart macht, und umgekehrt. Er vollzieht den griechischen Abdruck nach. Er sieht sich historisch im Recht. Die Griechen haben, ehe sie ein randständiges, unkultiviertes Bauern- und Händlervolk wurden, nicht alles, aber vieles vorbedacht. Er setzt seine Kraft und Phantasie darauf, das miserable griechische Schicksal der Neuzeit zu korrigieren. Der Historiker Christian Meier stellt in seinem Buch *Kultur, um der Freiheit willen. Griechische Anfänge – Anfang*

Europas? (2009) mit Bewunderung, aber auch mit der nötigen Skepsis fest: »Es bleibt gewiss ein Geheimnis, wie all das, was damals erkühnt, erfahren, erlitten wurde, schließlich zu klassischer Ausformung gelangte. Doch lässt sich darin überall der Niederschlag einer Kulturbildung um der Freiheit willen beobachten; eines Großversuchs gleichsam, unter schwierigen Verhältnissen ein Leben ohne Herrschaft zu führen, und das heißt auch, es zu ermöglichen, es zu sichern.« Für Christian Meier ist Freiheit das urgriechische Element, und Kultur ohne Freiheit auf Dauer kraftlos. Das Geheimnis der »klassischen Ausformung« liegt größtenteils in der Betrachtung durch die Nachwelt, die es *klassisch* haben will.

»Ein Fälscher«, schreibt Paul Veyne weiter, »ist ein Fisch, der sich aus Charaktergründen nicht in das richtige Glas gesetzt hat.« Man gewinnt den Eindruck, dass Simonides mit Tarnkappe unterwegs gewesen sei. Ein einziges Portrait ist bekannt. Ohne Datum, doch offensichtlich zeigt es ihn in seinen Dreißigern. »Simone jeune«, eine französische Quelle. Ein Aufsatz mit dem Titel: »Le Faussaire Simonides à Paris 1854«. Er habe, heißt es im Text darunter, geschickt dem Philhellenismus in die Hände gespielt. Faussaire, Forger, Fälscher – der größte seiner Zeit. Volles Haar, sauber gescheitelter Lockenkopf, ein wohlgeformtes ovales Gesicht, der Schnurrbart nicht zu groß. Ein Edelmann schaut uns an. Ein Künstler der Pariser Salons, ein prachtvolles, stolzes Exemplar, wie auf den Fotografien von Nadar. Simonides' Zeitgenossen haben ihm in die Hände gespielt. Es existiert kaum ein Dokument, kaum ein Zeitschriftenartikel, kaum ein Brief, in dem nicht gewisse Unsicherheiten und Zweifel anklingen, was seine persönlichen Daten betrifft. Aber man hat ihm glauben wollen und sich nicht weiter darum gekümmert: Er genießt den Griechenbonus.

Zu Beginn des Jahres 1836, vielleicht auch ein wenig früher oder später, gelangt er auf den Berg Athos. Für seine griechischen

Jahre erfordert die Datierung eine gewisse Toleranz; entweder ist der Ort bekannt oder der Zeitpunkt, beides fällt so gut wie nie exakt zusammen. In Kavala haben sie ein Boot genommen, Benedikt und sein Schützling, machen Station auf der Insel Thassos und gehen beim Kloster Vatopedi auf der Ostseite des dritten Chalkidiki-Fingers an Land. Konstantins Stimmung hellt sich auf. Vatopedi erscheint ihm wie das Paradies: blühende Obstbäume, Rosengärten, endlose Gemüsebeete, die übereinander gestapelten Gebäude reich an Fresken und Ikonen, die über die Jahrhunderte immer wieder aufgefrischt worden sind. Er bemerkt es nicht im ersten Moment, so überwältigend ist der Eindruck. Erst wenn die Sonne untergegangen und das Klostertor geschlossen ist, fällt der Unterschied auf, macht sich der fremde Geruch bemerkbar, oder besser das Fehlen einer vertrauten Aura: Auf dem Athos gibt es keine Frauen, auch keine weiblichen Tiere, die größer sind als Hühner oder Katzen. Der Name Vatopedi geht der Legende nach auf die wundersame Rettung eines byzantinischen Kaisersohns aus stürmischer See zurück. Der Junge wurde an die Küste gespült – und an jener Stelle aus Dankbarkeit das Kloster gegründet. In der Hierarchie der zwanzig Athos-Großklöster nimmt Vatopedi den zweiten Rang ein. Das erste Kloster auf dem Berg wurde im Jahr 963 gegründet, als der Mönch Athanasios aus Kleinasien mit seinem Stock in die harte Erde stieß und Wasser sprudelte. Die Jungfrau Maria hatte ihm die Stelle bezeichnet. Athos-Legenden bilden das weibliche, weiche Element auf diesem Stück Land, das Frauen nicht betreten dürfen. Frauen haben nur in wundertätigen Geschichten Platz, sie sind das ausgeschiedene Chromosom dieser reinen, schmutzstarrenden Männergesellschaft.

Eine Tagereise zu Fuß oder auf Eseln, hoch hinauf nach Karyes, und auf der anderen Seite des Athos-Kamms hinab zum Kloster Panteleimonos – welch ein Kontrast. Eine Ruine, ein übel riechendes Loch, ein paar Dutzend russische Mönche und einige alte Griechen hausen dort. Ständig kommt es zu ethnischen Spannungen. In der Osterwoche kasteien sich die ohnehin karg lebenden Mönche bis zum Äußersten. Einem russischen Reisenden, der einige Jahre nach Simonides das Kloster zur Osterzeit besucht – man nennt Panteleimonos auch das Russikon – gruselt es: »An einigen Tagen der ersten Fastenwoche wie auch in der Karwoche bekommen nur die Chorsänger ein- oder zweimal am Tag ein Stück Brot, damit sie singen können. In dieser Zeit müssen alle auf dem Athos, ob sie wollen oder nicht, mit ihrem Geist und Körper ringen.« Ununterbrochen Gottesdienste, der Tag wird zur Nacht. Erschöpfung, Depression, kaum unterdrückte Angriffslust, Kerkerluft, der Gestank ungewaschener Männer in orgiastischer Askese.

Der Sechzehnjährige, den sie für einen Novizen halten, wird in diesen irren Tagen herumgestoßen, angestarrt aus tiefen, triefenden Augenhöhlen, die ausgepowerten Mönche, nicht mehr fähig, geradeaus zu gehen, hängen wie Dahinsiechende, wie Opfer einer unerklärlichen Epidemie in den Stehbänken der Klosterkirche: als seien sie dort für immer eingezogen. In der Vorstellung der Mönche wird in diesen Nächten und Tagen ein großer See durchschwommen. Die Körper werden hart wie Holz, die Münder murmeln Gebete, wie primitive Holzgeräte trockene Erde durchpflügen. Simonides fürchtet sich nicht mehr. Er fühlt sich sicher, an diesen Tagen des abgetöteten Fleisches.

Um die Mitternacht des Ostersonntags ist das Ufer erreicht, der endlose See durchschwommen. Jubel bricht aus. Nun dauert die Messe, die Ostermesse nur noch bis zum Morgenrot. Helle Glockenschläge, und als wäre schon Pfingsten, werden Messen auf Griechisch, Russisch, Albanisch gelesen. Auch Türkisch ist zu hören. Simonides verschlingt seine Mahlzeit. Schrumpelige Oliven, Gurken, Zwiebeln, gekochten Fisch und Gemüse, Bohnenbrei, festen Käse, den öligen Wein des Festtags. Die Auferstehung! Die Athos-Diät kommt ohne Salz aus. In den armen Klöstern wie

Panteleimonos auch ohne Fleisch. In der Zelle ist es nachts noch bitterkalt. Das schiefe, kleine Fenster hat keinen Vorhang. Sie schlafen auf Stroh, auf dem Steinboden, mit dem Ungeziefer. Die umlaufenden Balkone hängen wie Bergvorsprünge in der Luft, wer hier neu ist, macht sich dünn und läuft mit erhobenen Händen an der bröckeligen Wand entlang. Tagsüber sitzt Konstantin am Meer, hilft beim Beladen und Ausladen der Boote, der Kaiks. Die Zeit scheint nicht zu vergehen, und dann sind Wochen und Monate vergangen in stiller Eintönigkeit.

Eines Tages begraben sie einen jungen Russen, sein Bart, sein Haarzopf war noch nicht sehr lang. Es heißt, er sei in der Nacht auf dem Weg zur Kapelle vom Balkon gestürzt. Diese Balkone sind, heute noch, wahre Selbstmördergalerien. Schief genagelte, abschüssige, ächzende Bretter, glitschig zur späten und frühen Gebetszeit, kaum beleuchtet, morsche Übergänge am Abgrund. Müdes Material, auf dem erschöpfte, übernächtigte Wesen auch bei Tageslicht schlafwandeln. Eine Einladung zum perfekten Verbrechen. Wenn hier einer fällt, ist nichts zu beweisen, und alles zu vermuten. Andere erzählen, die Leiche des Russen sei angespült worden, und um seinen linken Fuß sei ein Strick gewickelt gewesen, wohl für einen Stein. Solche Unglücksfälle werden auf dem Athos nicht untersucht. Hoch und steil und feucht sind die Mauern des Schweigens. Niemand hat etwas gesehen oder gehört, nichts Genaues, niemand kennt die Herkunft und die wahre Identität des jungen Russen. Auch der Name, den er als Mönch angenommen hat, findet keine Erwähnung. Umso weniger, als er sich selbst etwas angetan haben könnte. Merkwürdig geht es zu, wenn schöne junge Männer ertrinken. Hadrians Antinous soll vor den Augen seines Kaisers im Nil versunken sein, war es ein Mordkomplott von Höflingen, oder war es eine Selbstopferung? In einer spätantiken Kaiserchronik überrascht die Version, Antinous sei ins Wasser gegangen, weil er die Aufdringlichkeit des älteren Mannes, des gottgleichen Herrschers, nicht mehr ertrug.

Ein traumatisches Erlebnis, der Tod des jungen Russen. Konstantin erinnert sich, dass dieser ihm nicht unangenehme Mann einige Male neben ihm stand beim Gottesdienst, vielleicht ein wenig zu dicht, so dass er den leicht fauligen Mönchsatem gespürt hat. Ein andermal hatte der Mann ihm Obst geschenkt und ihn wegen seines Fleißes gelobt, eine weiche Stimme mit starkem Akzent. Er wollte ihn auch einmal mitnehmen auf einer Fahrt im Kaik zu einem der weiter südlich gelegenen, auf Felsen am Meer klebenden Klöstern, Gregoriou, Dionysiou, Simonos Petras. Wenige und kurze Gespräche, Blicke, gewechselt im Klosterhof, auf dem Gang zum Abendessen, das schweigend eingenommen wird. Erst gehen der Abt und die Älteren, dann die anderen Mönche, zuletzt Novizen, Pilger und Gäste hinein. Man hört nur das Klappern des Geschirrs, und die Stimme des Vorlesers. Zehn Minuten vielleicht dauert die Ewigkeit der Nahrungsaufnahme. Konstantin hat einmal dem jungen Russen schräg gegenüber gesessen, am Tisch der Jungen, die nachher abräumen müssen. Der Russe muss ein Besucher gewesen sein, man sah ihn nur kurz. Nun ist er tot. Die Toten gehen hier ohne großes Aufsehen in die Erde, und ohne öffentliche Trauer, man denkt sie sich am Ziel. Es schmerzt Konstantin, an den jungen Russen zu denken, sein etwas trüber, gleichwohl durchdringender Blick verfolgt ihn, aber er spürt auch Erleichterung. Ein Sprichwort sagt: Auf dem Weg zum Athos triffst du junge Männer, die Angst vor dem Leben haben, alte Männer, die Angst haben vor dem Tod, und Männer, alt wie jung, die sich vor der Hölle fürchten. Nichts davon trifft auf Konstantin zu. Er fürchtet Benedikt, doch er ist furchtlos in der Nähe des Todes. Wäre sein Vater an dem Gift gestorben, hätte es gewirkt, er hätte ihn nicht einen Moment beweint. Es ist ihm bewusst, dass es ihm nicht gelingen will, um den russischen Novizen zu trauern. Ohne Zweifel aber wäre er an dessen Stelle gegangen, oder mit ihm gemeinsam. Es war die eine, einzige Gelegenheit, er wusste nicht genug davon, und der andere blieb allein bei sich. Würde ein solcher Moment jemals wiederkommen?

Benedikt verbringt seine Tage in der Klosterbibliothek. Doch das ist eine Übertreibung: Es ist nur ein muffiger Verschlag, fensterlos, wo Ratten in aller Seelenruhe umherwandern. Heute befindet sich die Bibliothek von Panteleimonos in einem lang gezogenen Trakt im Hof des Hauptgebäudes. Sie umfasst 1320 Handschriften auf Griechisch und 600 auf Slawisch, darunter ein Evangelium aus dem 12. Jahrhundert, außerdem 25 000 gedruckte Bücher, nach offiziellen Angaben Ende des 20. Jahrhunderts. Das Verschwinden, das Auftauchen von Manuskripten, Ikonen und Büchern auf dem Athos gehört zu den ewigen Geheimnissen der Mönchsrepublik; als verschlucke sie das Meer und speie sie nach Jahrzehnten und Jahrhunderten wieder aus. Auf dem Berg wächst der Reichtum, der spirituelle und der materielle, immer wieder nach, wie die Leber des Prometheus.

Als Lord Curzon, der 14. Baron Zouche of Harringworth, im Jahr 1837 auf seinen ausgedehnten Beutezügen das Russikon heimsuchen will, zeigt er sich enttäuscht. Der berühmte englische Räuber und Büchersammler bekommt nur »neun Manuskripte« zu Gesicht, die »von keinerlei Interesse« sind. Vor ihm seien, so hört er, Engländer da gewesen, die hätten einen Homer auf Pergament mitgenommen, den Schatz aber auf der Flucht vor Piraten ins Meer geworfen. Keine zehn Jahre später kommt der deutsche Orientreisende Jakob Philipp Fallmerayer mit der nüchternen Erkenntnis zurück: »Wer nur Klassisches sucht, gehe ja nicht auf Agion-Oros, von dessen ärmlichen Sammlungen das Wertvolle schon längst verschwunden und nach Europa gewandert ist. Hier ist nur für Byzantinisches Gewinn zu hoffen.« Für byzantinische Schätze hatte Fallmerayer kein Auge, Curzon schon. Curzon machte die Tour ums östliche Mittelmeer und die Levante nicht zu seinem Schaden. In seinem Reisebericht *Ancient Monasteries of the East* stellt er sich als höflicher und zurückhaltender, die Sitten der Klöster respektierender Gentleman dar. Die Wahrheit sieht anders aus: Er »verließ den Heiligen Berg mit Satteltaschen, die überquollen von alten illustrierten Handschriften und byzantinischen Bullen«, schreibt 1997 der Reiseschriftsteller William Dalrymple. Für sein Buch *From the Holy Mountain – A Journey in the Shadow of Byzantium* nahm er eine ähnliche Route wie Curzon, der, wie Dalrymple »zu meiner Schande« zugeben muss, auf seinem planmäßigen Fischzug von »meinem Urgroßonkel begleitet wurde«.

Kein Einzelfall, dieser Lord Curzon. Konstantin Simonides lebt in jenen Jahren auf dem Berg Athos, als die Aufkäufer aus dem Norden im Mittelmeerraum einfallen. Durch Benedikt kommt er mit diesen Leuten in Kontakt. Gebetsmühlenartig beruft er sich nachher auf die Zeit. Auf dem Athos will er unzählige alte Manuskripte vor Verfall und Diebstahl und billigen Geschäften gerettet haben; ahnungslose Mönche verkauften an die Reisenden, was ihnen in die Finger kam, wenn sie nicht mit den Pergamenten heizten. Der barbarische Umgang der Griechen mit den eigenen nationalen Schätzen hat es den Curzons und Elgins leicht gemacht. Sie verstehen sich nicht als Kidnapper fremder Kulturgüter, sondern als Wohltäter der gebildeten Menschheit. Simonides denkt ähnlich, aber er will den Ausländern das Feld nicht überlassen.

Es ist wie ein Wechsel der Jahreszeiten. Benedikt greift jetzt nicht mehr nach dem Jungen, er mag sich anderweitig versorgen. Eines Tages nimmt er Konstantin mit auf eine Wanderung. In einer verlassenen Skite, einer Einsiedelei, wie sie überall verstreut in den Wäldern des Berges liegen, brechen sie eine zugemauerte Zisterne auf. Das Versteck der Klosterbibliotheken. Ein umwerfender Anblick: Pergamentrollen in Töpfen und Körben, auf dem Boden verstreut, in Ecken aufgestapelt, und ein beißender Modergeruch. Ein Massengrab von Dokumenten, Zeichnungen, Registern, Listen, ein verschütteter Biotop der Gläubigkeit und weltlicher Geschäfte, auf die sich die Klöster des Athos bestens verstehen. Ähnlich muss man sich die Entdeckung der biblischen Qumran-Rollen in den Höhlen am Toten Meer denken, gut hundert Jahre später. Nur dass die klimatischen Bedingungen in der Wüste günstiger waren und die Qumran-Texte bald ein Jahrtausend länger in ihren Krügen lagen.

Während des Unabhängigkeitskrieges gab es Plünderungen auf dem Athos, nun herrscht wieder Ruhe. Grabesruhe. Die türkischen Beamten kümmern sich nicht um die Kunst der Christen. Man mag es Toleranz nennen oder einfach nur Geringschätzung. Esel werden zu der abgelegenen Skite geholt, die Säcke und Kisten nach Panteleimonos geschafft. Das armselige, spärlich bevölkerte Kloster empfängt wenig Gäste, niemand vermutet hier einen großen Schatz. Benedikt will sicher sein. Die Mönche fürchten ihn, weil er offensichtlich höheren Orts Verbindungen hat, im freien Teil Griechenlands, das schafft Respekt. Ein wortkarger Mann, belesen und weit gereist, niemand kennt seine Stellung genau, niemand stellt Nachforschungen an, warum auch. Der Athos bietet, bis heute, Unterschlupf für Flüchtige, Kriminelle, Gottsucher, Schuldner, Verzweifelte und Hochstapler – die Fremdenlegion Gottes. Sie wagen es nicht, sich Benedikts jungem Begleiter zu nähern, was Simonides persönlichen Freiraum verschafft. Er hasst den Onkel – und ist von Beginn an von den alten Schriften fasziniert. Er wird sich hier seinen Lebensvorrat anlegen, ein riesiges Depot, auf das er stets zurückgreifen kann.

Sie rollen in dem Verschlag die Pergamente aus, reinigen sie mit Tinkturen und Tüchern, glätten und falzen. Sie häufen Stapel auf, wenn die Pergamente trocken sind, sortieren nach Alter, Größe, Herkunft, nach kirchlichem und weltlichem Inhalt. Benedikt trägt die Blätter in ein Register ein, er arbeitet wie ein Kaufmann, der eine Schiffsladung oder eine Karawanenfracht ins Kontor bringt. Die Blätter sind von einer erstaunlich starken

Konsistenz, ihr Nimbus hat etwas Unzerstörbares. Verletzungen der beschriebenen Haut lassen sich heilen. Fehlende Buchstaben, Sätze, ganze Passagen werden ergänzt, und Konstantin betrachtet die illuminierten Manuskripte wie Schatzkarten, die den Weg zu fremden, weit entfernten Orten weisen, sowie zurück in die Tiefen der Zeit. Schriften, die vom Sinai stammen, aus Konstantinopel, Thessaloniki und Antiochia. Schriften, deren Geschichte keiner kennt: Bücher, die lange und gefährliche Reisen hinter sich haben; Schriften vom kaiserlichen Hof, aus den Schreibstuben der Patriarchen, Schenkungsurkunden und Gerichtsakten. Das alte Papier ist purer Sprengstoff, unvergänglich. 2008 löst das Kloster Vatopedi eine halbe Staatskrise aus, als es mit tausend Jahre alten und ebenso volatilen Besitznachweisen Anspruch auf einen ganzen Landstrich im Norden Griechenlands erhebt – und von der Regierung Karamanlis Recht bekommt und mit Immobilien entschädigt wird. Der Schaden für den griechischen Staat beläuft sich auf hundert Millionen Euro.

Dieses Erlebnis hat er immer wieder beschrieben: die Entdeckung der versteckten Bibliothek auf dem Athos. Ob es nun eine Zisterne war, ein Keller, eine Höhle, wie es gelegentlich auch heißt, oder irgendein anderer dunkler Raum auf der dunklen Halbinsel, es muss eine Initiation gewesen sein. In Konstantins Geist bricht etwas auf. Er spürt die ungeheure Kraft der Buchstaben. Es fasst ihn an. Benedikt und er sortieren, ordnen, säubern, füllen die Seiten auf und füllen die Regale. Konstantin tötet die Ratten und das Ungeziefer, es macht ihm Freude. Die Bibliothek – allmählich verdient sie wieder die Bezeichnung – wächst. In Konstantin wächst der Wunsch, diese Welt der Zeichen und gefrorenen Wunder zu beherrschen. Er arbeitet schon selbständig, denn die Arbeit ist gar nicht zu schaffen. Als sprudelten aus der alten Zisterne beständig neue Quellen. Benedikt erfreut sich am Erfolg seiner monströsen Erziehung. Konstantin hat schärfere Augen, beweglichere Hände, und er kombiniert schneller. Er hat seinen Meister gefunden. Er sagt, die Arbeit sei eine erhabene, für das große griechische Volk.

Manchmal gibt Konstantin im winzigen Athos-Hafen Daphni geschwungene Briefe an die Eltern auf; es kommt nie eine Antwort. Er schreibt um seinetwillen, und es gefällt ihm. In einem nächtlichen Gottesdienst – das Leben auf dem Athos ist eine einzige Messe, selbst wenn man nur Gast ist – hält er die Hand eines Mönches so lange, bis er eingeschlafen ist. Nachher weiß er nicht, wer zuerst zugegriffen hat. Aber der Vorfall wiederholt sich nicht. Er will seine Schreibhand jetzt nicht mit anderen Dingen belasten und beschmutzen. Glaubt er an Gott? Den griechischen Gott? Der Athos bietet wenig Ablenkung, außer Gottes herrlicher Natur und dem Meer. Benedikt verspricht ihm, den Athos-Gipfel zu besteigen, 2000 Meter über dem Meeresspiegel, aber Benedikt ist alt geworden, sie gehen nicht hinauf. Der Junge entwickelt seine Kunst, seine Schreibfertigkeit so fabelhaft, so schnell, er will Benedikt bestrafen, ihm die Sache aus der Hand nehmen; der subtile Racheakt eines Musterschülers.

Die Zisterne mit den alten Büchern: ein biblisches Bild. Ein Quell des Glaubens. Eine Weihe, so wie Marcel Proust *(Auf der Suche nach der verlorenen Zeit*) die Geschichten aus den Büchern weiterträumt, die er im Bett vor dem Einschlafen gelesen hat. Konstantin glaubt: an die Macht der Schrift, die sich seiner Hand entwindet. Er glaubt an die Buchstaben, die Sätze, die Kolumnen, die in einem Rhythmus schwingen wie der Gesang in der Kirche. Buchstaben, die wie Ikonen leuchten. Das Wort, der Anfang, die Musik der stillen Gesichter unter dem Heiligenschein. Auch Aristoteles, seinen Vorfahren, hat er in einer der Athos-Kapellen auf den Fresken entdeckt. Der Philosoph, ein Vorläufer des griechischen Glaubens, streng und weise, aber ohne den strahlenden Halbmond über dem Kopf. Auch Plato ist da zu sehen. Konstantin glaubt an die Geschichte hinter der Bilderwand in der Kirche, der Ikonostase. Das Strahlen des Goldgrunds, die Kerzenleuchter, das Gemurmel der Mönche – Tag und Nacht.

Dieser Glaube aus den Büchern, und an die Bücher, ist stark, denn er lässt Benedikt klein erscheinen. Benedikt, das ist Konstantin schon früh aufgefallen, geht in den Gottesdienst, als ginge er auf ein Schiff. Nichts scheint den alten Mann zu rühren. Als warte er das Ende einer Überfahrt ab. Um 1840 stirbt Benedikt. Die Todesursache bleibt im Dunkeln. Vielleicht ist der Giftmischer diesmal sorgfältiger vorgegangen. Konstantins Arbeit auf dem Athos ist lange noch nicht abgeschlossen. Sie beginnt mit Benedikts Ableben erst richtig. Er schreibt das Testament des geistlichen Vaters, auf seine Art. Es wird ihn voranbringen.

Von Zeit zu Zeit gibt der Berg ein Geheimnis frei, so wie sich über Jahre und Jahrhunderte immer neue Athos-Geschichten und geheimnisvolle Ablagerungen bilden. Der italienische Fotojournalist Xavier Zimbardo verbringt 1997 einige Wochen auf dem Heiligen Berg. In der ausgebrannten Skite St. Andrej, die zum Kloster Panteleimonos gehört, wo Benedikt und Konstantin ihren Schatz ans Licht geholt haben, macht Zimbardo eine erschütternde Entdeckung. Fotografien von Mönchen, russischen Männern, die während der russischen Revolution ins Exil gegangen sind. Die Bilder haben das Feuer überlebt, sie wirken durch die Asche wie Negative. *Monks of Dust*, nennt Zimbardo sein Buch. Portraits wie Röntgenbilder. Geistergesichte, ägyptischen Totenportraits aus dem Sand von Fayum ähnlich – wie der Abdruck des Antlitzes Christi auf dem Schweißtuch. Magie der Zerstörung, die nicht vollständig war. Diese Bilder sind durchs Feuer gegangen, Bilder aus dem Jenseits. Gesichter mit biblischen Hautkrankheiten, von der Hitze gezeichnet, die aber nicht stark genug war, sie vollständig auszulöschen. Augen, im Feuersturm geschlossen. Der Oktoberrevolution entkommen, auf dem Athos versengt. Stummes Martyrium, Delirium.

JAHRE DER SAMMLUNG, DUNKLE JAHRE

Auf Tauchstation: Konstantin Simonides lernt bei den Mönchen sein Handwerk. Das Licht der Ikonen und die phantastischen Reisen des Fälschers durch Zeit und Raum: Er wird zum Phantom.

ES SIND die dunklen, ergiebigen Jahre eines Autodidakten. Man muss sich Simonides als Naturtalent vorstellen. Das Geheimnis seiner explosiven Kreativität teilt er mit so vielen Künstlern. Wie kann, nicht einmal 24-jährig, ein Georg Büchner – zur gleichen Zeit – Theaterstücke von Weltgeltung schreiben? Warum und aus welchem Urgrund entstehen Religionen?

Der deutsch-griechische Gelehrte Alexander Lykurgos, der später den wichtigsten Text über Simonides verfassen wird, halb Anklageschrift, halb biographisches Gutachten, berichtet, dass Konstantin Simonides 1837 »in der Druckerei des in Athen sehr bekannten Buchhändlers Koromelas« in die Lehre gegangen sei, »und von da weg auf den Athos«. Das klingt nun endlich einmal nach einer verlässlichen Zeitangabe. Doch kaum hat man etwas biographischen Boden unter den Füßen, beginnt dieser auch schon wieder zu schwanken. Wenn Konstantin nach dem Giftanschlag 1835, spätestens 1836 mit Benedikt auf dem Athos gelandet ist, kann er 1837 kaum in Athen eine Buchhändler- und Druckerlehre gemacht haben. Und wenn er zu dem Zeitpunkt doch in der Hauptstadt war und das Buchgeschäft von Grund auf erlernt hat, dann wird die Zeit auf dem Athos knapp. Denn dort, in den Klöstern und Bibliotheken, bildet er sich in seiner eigentlichen Kunst aus, dem Umgang mit schriftlichen Altertümern. Dieses Handwerk verlangt jahrelanges Studium und erschöpfende Praxis. Simonides entwickelt sich zudem nicht nur zu einem Meister-, sondern auch zu einem Multifälscher.

Dabei würde ihm eine Lehre in der Buchbranche auch nicht geschadet haben, im Gegenteil. Lykurgos nennt Koromelas in Athen eine gute Adresse. Warum aber hat Simonides das nie erwähnt, er hätte damit, wie es seine Art war, renommieren können? Die Erklärung kann nur aus dem Familiendrama kommen. Konstantin hat als Kind schon ein außergewöhnliches Interesse an Büchern und an der Malerei gezeigt. Der Vater will die Begabung fördern. Er schickt ihn auf die besten Schulen der jungen griechischen Nation und verschafft dem Jungen über seine politischen Beziehungen die Lehrstelle in Athen. Nun kann man sich aber leicht ausmalen, dass die Arsen-Attacke alles ändert. Der mörderische Bube musste bestraft werden. Die Stelle in Athen wäre eine Belohnung gewesen. Das kam nun nicht mehr in Frage. Konstantin gehört nach dem Willen des Vaters an einen Ort, von dem er nicht entkommen kann, der keine weltlichen Ablenkungen bietet. Unter Benedikts Fuchtel empfahl sich der Berg Athos als Umerziehungslager. Lykurgos' Formulierung »und von da weg auf den Athos« passt allerdings zu dem plötzlichen, gewaltsamen Aufbruch.

Was für eine bitter-schöne Ironie! Der Junge soll leiden, und wie er leidet. Aber die Verbannung bringt ihn seiner Leidenschaft für Bücher und Zeichnungen noch viel näher. Die Strafverschickung ins Kloster ist ein Wendepunkt, eine zweite und äußerst schmerzhafte Geburt. Das Simonides-Universum erlebt auf dem Heiligen Berg seinen Urknall. Von dort breitet es sich aus und überflutet die Welt mit kostbaren alten Handschriften. Schon durch seine gewaltige Materialität wird es die Schriftkundigen blenden. Man streitet zu Simonides' Zeit über die Echtheit von Manuskripten wie um den rechten Glauben – aber immer im Grundvertrauen auf die Anciennität dessen, was als alt daherkommt. Da absolut sichere Methoden zur Altersbestimmung nicht existieren, ist Betrug ein noch sehr junger und nur schwer zu bestimmender Tatbestand. Um eine Fälschung zu erkennen, braucht man einen absoluten Begriff vom Original.

Die Kenntnisse der damaligen Zeit sind Simonides bestens vertraut, und er macht sie sich zunutze. Als eines seiner Meisterwerke, mit einiger Sicherheit in der Athos-Zeit entstanden, gilt ein Doppelblatt mit einer Passage aus dem *Hirten von Hermas*, einer um 140 nach Christus in der römischen Kirche niedergelegten und in der Frühkirche weit verbreiteten Mahnschrift über die Buße. Im *Forum Archaeologiae* 20/IX/2001 wird Simonides' ausgefeilte Technik erklärt: »Simonides machte sich selbst die Abschriften nicht einfach. Immer wieder fälschte er Texte in Form von Palimpsesten. Während hier gewöhnlich die untere Schrift die ältere ist, die abgeschabt oder abgewaschen wird, und mit einer neueren, meist späteren Schrift (aus Pergamentknappheit) überschrieben wird, machte er genau das Gegenteil: Er nahm sich eine Handschrift, zu der er Zugang hatte, und fälschte eine ältere Schrift (paläographisch korrekt), indem er mit blasserer Tinte schrieb. Der Codex befindet sich heute in der Handschriftensammlung der Österreichischen Nationalbibliothek.«

Mitte des 19. Jahrhunderts ist die Welt leidenschaftlich damit beschäftigt, ihr Alter, ihre physikalische, chemische und biologische Konsistenz zu bestimmen. Technischer Fortschritt, radikale Industrialisierung, der Einbruch der Geschwindigkeit in die allgemeinen Lebenswelten forciert auch den Blick zurück – und den Blick nach innen. Paläographie mag ein Gebiet für Spezialisten sein, letztlich aber entscheidet sich hier das Bild, das die westliche Zivilisation von sich machen will. Und das sich gleichzeitig zu erweitern und zu verfestigen beginnt. Es dreht sich um die nun wissenschaftliche Grundlage von Geschichte und Religion.

In den Athos-Bibliotheken macht Simonides eine einschneidende Erfahrung. Er sieht, dass die Welt Schrift ist, dass das Wort am Anfang war – und Menschenwerk. Menschen schreiben Gottes Wort auf. Menschen notieren, was Christus gepredigt und vollbracht hat. Gott mag einem die Hand führen, aber er *schreibt* nicht. Wer schreibt, irrt. Fälscht unwissentlich, ohne Absicht. Schreiben heißt: abschreiben. Überliefern. Weitertragen. Vervielfältigen. So wie sich eine Geschichte beim Erzählen verändert, wie sie wächst und gedeiht und neue Teile die alten ersetzen, weil die Erinnerung nie ohne Lücke ist und die Lücken mit sicherem Instinkt ausgefüllt werden, so ist das auch beim Schreiben und Abschreiben. So haben auch die heiligen Bilder, die Ikonen, die in den Gemäuern des Athos wie dunkle Blumen blühen, über die Jahrhunderte ihr Aussehen, ihren Charakter, ihre Farbe und ihre Gestik gewechselt, auch wenn die Handbücher für die Ikonenmaler die Abweichung doch gerade verhindern sollen. Die Maler sind Mönche, künstlerisches Empfinden lässt sich so wenig verschließen wie sexueller Druck. Unter der Hand bewegen sich die alten, festgelegten Sujets, niemand weiß, wie es geschieht und warum das Bild nicht mehr dem Urbild im Detail entspricht. Aber eines Tages ist der Tisch auf der Dreifaltigkeitsikone des Andrej Rubljow in die Mitte gerückt, Abraham und sein Eheweib sind verschwunden, und da sitzen die drei Engel allein. Ein neues Vorbild ist entstanden, und so wird es von nun an weitergegeben.

Simonides, Kind einer aufrührerischen Epoche, erlebt, wie Geschichte sich beschleunigt und das griechische Ego anschwillt. Er betrachtet es als seine religiöse, patriotische Pflicht, sich in diese tückischen Strömungen hineinzustürzen und vorneweg zu schwimmen. Er schreibt mit der Sicherheit der Alten, sobald er mit seiner Arbeit begonnen hat. In ihm steckt, halb Heiliger, halb Schuft, etwas von der glühenden Askese, vom »hymnischen Rausch«, wie sie der zum Mystiker konvertierte Dadaist Hugo Ball in seinem Buch *Byzantinisches Christentum* (1923) feiert. Ein moderner Künstler – der schöpferische Gedanke trägt ihn in weit zurückliegende Zeiten und an entfernte Orte, und sie lassen sich modellieren. Wie das Neue Testament. Dessen Textsituation ist im 19. Jahrhundert alles andere als gesichert.

Waren die Evangelisten Augenzeugen der Jesus-Geschichte? Sie machten sich erst Generationen später ans Werk. Sammelten mündliche Überlieferungen und hielten sie fest. Sie konnten keine unmittelbaren Reporter der Heilsgeschichte sein, sondern nur späte Redakteure und Kompilatoren. Im Gegensatz zu anderen Autoren aus dem phantastischen jüdisch-christlichen Geschichtenkreis – erst im Jahr 2006 wurde das sogenannte Judas-Evangelium der Öffentlichkeit zugänglich gemacht – haben die Lukas, Matthäus, Markus und Johannes die Kanonisierung späterer Jahrhunderte überstanden. Die Entwicklung des menschlichen Lebens wiederholt sich im darwinistischen Schicksal der Schriften.

Konstantin Tischendorf, ein deutscher Theologe, Forschungsreisender und eines Tages Konstantin Simonides' Erzfeind, scheint sich der Volatilität der Bibelüberlieferung bewusst gewesen zu sein. »Wann wurden unsere Evangelien verfaßt?«, so fragt er noch 1865 in einer Schrift, in der er seine wissenschaftlichen Methoden darlegt und verteidigt. »Woher stammen unsere Evangelien? Denn vom Ursprunge dieser Bücher wird ihre Glaubwürdigkeit, ihre Geltung bedient.« Am Ende überwältigt der Glaube doch die Wissenschaft: »Bei Gelehrten so gut wie bei Ungelehrten Zweifel erweckt, vielen sogar die Verneinung vermittelt zu haben, das gehört dem skeptischen Geiste, der in den letzten hundert Jahren zur Herrschaft gelangt ist, als eine unleugbare Errungenschaft an. Dennoch gibt es in der gesamten Literatur des Altertums wenig Beispiele von einer so großartigen historischen Beglaubigung, wie sie unsere vier Evangelien, fragen wir aufrichtig darnach, in der Tat besitzen.« Tischendorf stellt, anders als Simonides, keine große Herausforderung für Bibliotheksbenutzer dar. Da sucht man nicht lang und muss nicht weit reisen. Über amerikanische Universitäten gelangt er aber auch in den stetig wachsenden Kosmos von Googlebooks. Und hier, im Reich des Digitalen, kehrt das Drama der alten Bücher gleichsam als Karikatur wieder – man fühlt sich mit ein paar Klicks an ihren Ursprung zurückversetzt, als Original und Urheberrecht noch neue, fremdartige Begriffe waren. So lautet die Vorrede zu Millionen Googlebooks, nicht ohne romantischen Anflug:

Dies ist ein digitales Exemplar eines Buches, das seit Generationen in den Regalen der Bibliotheken aufbewahrt wurde, bevor es von Google im Rahmen eines Projekts, mit dem die Bücher dieser Welt online verfügbar gemacht werden sollen, sorgfältig gescannt wurde. Das Buch hat das Urheberrecht überdauert und kann nun öffentlich zugänglich gemacht werden. Ein öffentlich zugängliches Buch ist ein Buch, das niemals Urheberrechten unterlag oder bei dem die Schutzfrist des Urheberrechts abgelaufen ist. Ob ein Buch öffentlich zugänglich ist, kann von Land zu Land unterschiedlich sein. Öffentlich zugängliche Bücher sind unser Tor zur Vergangenheit und stellen ein geschichtliches, kulturelles und wissenschaftliches Vermögen dar, das häufig nur schwierig zu entdecken ist. Gebrauchsspuren, Anmerkungen und andere Randbemerkungen, die im Originalband enthalten sind, finden sich auch in dieser Datei – eine Erinnerung an die lange Reise, die das Buch vom Verleger zu einer Bibliothek und weiter zu Ihnen hinter sich gebracht hat.

Eine lange Reise, in der Tat. Die Genese heiliger Bücher gleicht einem Zeugungsakt mit vielen Vätern, und am Ende soll es nur einer gewesen sein. Eine Frage von Moral und religiöser Hygiene. Wenn sich die Schrift verfestigt, wenn die Geschichten eine bestimmte, letztgültige Form annehmen, wird eine Zeitenwende ausgerufen, und plötzlich gibt es richtig und falsch. Das Falsche wird ausgesondert, und das Richtige gefälscht. Ein Fälscher handelt dabei nicht notwendigerweise in böser und krimineller Absicht. Wer schreibt, fälscht a priori. Überlieferung ist Auswahl, Tradition ein Verrat an dem, was nicht überliefert wird. Wer aus der Distanz von Jahrzehnten schreibt, sucht sich eine Wahrheit. Schriften, die eingehen in ein heiliges Buch, das die Welt verändern wird, wandern durch viele Hände, der schöpferische Akt des Schreibens setzt unkontrollierbare Gedanken und Traumpfade frei. Simonides schreibt auf uraltem Pergament. Er hat Vorläufer, deren Hand und Atem er zu spüren vermeint. Er schreibt in der Sprache der Matthäus, Markus, Lukas und Johannes: Griechisch.

Konstantin Simonides wächst in eine Zeit hinein, die das Alte einer Überprüfung unterzieht und es gleichzeitig verklärt. Je präziser das Alter und damit der Wert der Fundstücke bestimmt werden kann, desto größer die Kauf- und Besitzwut. Aus seinen Schriften und Schriftfunden, die er immer wieder auf den Athos zurückführt, lässt er eine Biographie entstehen, die an eine Hagiographie erinnert, an die Darstellung des Lebens eines Heiligen. Er hinterlässt Werke, er bewirkt, wenn nicht Wunder, so doch beträchtliche Verwirrung. Es ist, als verwandele sich das Leben des Konstantin Simonides in ein Kunstwerk, das dem Betrachter wenig interpretatorische Hilfe an die Hand gibt. Eine Zeichnung, bei der man Punkte und Nummern miteinander verbinden muss und die doch keine klare Form ergibt. Wo war er zwischen 1840, falls er den Athos überhaupt zu dieser Zeit verlassen hat, und 1848, als er nachweislich in Athen auftaucht?

Anfang und Mitte der 1840er Jahre will man ihn hier und dort in der Ägäis, auf Zypern, auf dem Sinai, in Babylon und Damaskus, in Persien und Alexandria gesehen haben, und er selbst erwähnt diese Orte, freilich ohne genauere Angaben, wann und wie er dorthin kam. Es gibt für seine ausgedehnten Reisen, die den Routen der Apostel zu folgen scheinen, nirgendwo einen stichhaltigen Beleg. Wie hätte er diese großräumigen Bewegungen finanzieren können? Warum hat er keine Spuren hinterlassen?

Simonides gespenstert jetzt durch den Mittelmeerraum, und weiter geht es in den Norden und Osten: Dr. Simonides mit einem Mal, mit philosophischen Abschlüssen der Universitäten von Moskau und Odessa. Simonides promoviert! Akademische

Ehren sollen ihm zuteilgeworden sein. Es geht zu wie im Märchen. Eine noble Dame namens Rhoxandra Etlegg habe ihn gefördert. Doch nirgendwo lässt sich die reiche Lady ausfindig machen. Auch die russischen Diplome können nicht belegt werden, ebenso unbewiesen bleibt seine Stellung in Odessa bei dem Staatsrat Sturdza. Nirgendwo kann man Simonides in dieser Phase seines Lebens dingfest machen oder auch nur seinen Schatten erkennen. All diese Reisen, Titel und Tätigkeiten, zwischen Russland und Persien, scheinen der Phantasie eines Menschen zu entspringen, der festsitzt und sich wegträumt. Der sich auf ein Leben danach vorbereitet. Der Athos mag ein Gefängnis sein, aber dann doch ein komfortables, was den Kontakt mit der Außenwelt angeht. Viele Reisende landen hier an, aus aller Herren Länder, man führt Gespräche, kann sich informieren. Diese Halbinsel, die ihrem Charakter nach eine Insel ist, lässt sich vergleichen mit der literarischen Erfindung, die Jules Verne im Jahre 1870 machen wird – als er in seinem Roman *Zwanzigtausend Meilen unter Meer* die Nautilus zu Wasser bringt, jenes sagenhafte U-Boot des misanthropischen Kapitän Nemo, der sich mit einer gewaltigen Bibliothek und einem Fundus von Kunstschätzen auf den Meeresgrund sinken lässt. Nemo und Nautilus sind autark, wie die Mönchsrepublik. Der Athos verhält sich zum Festland wie eine Tauchstation, wo sich Weise und Verbitterte, Einzelgänger und Gesuchte zurückziehen.

Dunkle Jahre unter Wasser gleichsam, auf dem Fels. Die zeitlichen und geographischen Diskrepanzen erklären sich leichter, wenn man einmal begriffen hat, wie Simonides' Gehirn funktioniert: Jede Person, jeder Ort, jede Institution, die ihm ins Bild passt, bekommt sogleich in seinem System einen Platz zugewiesen. Simonides hört eine (alte) Geschichte und sieht sich als ihr Erfinder. In dreizehn Jahren erobert Alexander der Große mit den Lehren des Aristoteles im Kopf ein Weltreich. Noch schneller ist Konstantin in seinen Gedanken. Er operiert mit Namen, die er von seinem Vater und dem Onkel vom Hörensagen kennt; Persönlichkeiten einer sich erst formierenden griechischen Öffentlichkeit. Er erfindet fiktive Gönner, der Berg Athos ist Ausgangs- und Endpunkt seiner phantastischen Reisen zu fernen Traumorten wie dem Katharinenkloster auf dem Sinai. Die Phantasmagorien des Simonides haben meist einen Wahrscheinlichkeitskern. Denn wer zum Athos fährt, den zieht es auch zu den griechischen Mönchen in Ägypten. Und wer auf dem Athos sitzt, in sicherem Niemandsland, mag von einem Attentat auf Otto, den deutschen König der Griechen, träumen, wie der junge Konstantin. Die Männergesellschaft gebiert Gewaltpotenzial.

Wäre er dafür nicht zu jung gewesen, dann hätte er sich revolutionäre Heldentaten im Freiheitskampf auf die Fahne geschrieben. Auf irgendetwas muss sich der junge Staat – und die Existenz des jungen Künstlers von der Insel Symi – ja gründen. Der Ruhm jener Nation aus Händlern, Bauern, Piraten und Träumern, die ihre Existenz am Ende dann auch noch dem Eingreifen europäischer Großmächte verdankt, kann sich nicht aufs Morden und Plündern, auf das wechselhafte Glück marodierender und einander bekämpfender Freischärlertrupps beschränken. Die für den griechischen Kampf so entflammten Engländer zeigen ein Doppelgesicht: Sie schicken Geld und Schiffe, und sie bedienen sich. Schleppen Kunstschätze an Bord und suchen das Weite. Auf dem Athos ist Konstantin den modernen Jägern und Sammlern aus dem Norden zum ersten Mal begegnet.

Mit Menschen und Lebensläufen geht Simonides nicht anders um als mit Manuskripten. Ein Beispiel aus der »dunklen« Zeit: Kallinikos Hieromonachos wurde 1802 geboren, in Thessalien. Er hieß ursprünglich Kuriakos. Den Namen Kallinikos nahm er – angeblich – an, als er zum Kirchenmann wurde. Im Unabhängigkeitskrieg, so heißt es, zeichnete er sich wiederholt durch Tapferkeit aus. Auf dem Athos sollen sich die beiden begegnet sein; Simonides, so heißt es, findet einen Mitstreiter und

Mitarbeiter bei der Sichtung und Überarbeitung der alten Schriften im Kloster Panteleimonos. Wieder eine Art Vaterersatz für Konstantin. Ein gedachter Vater. Denn dieser Mann hat womöglich nur in der Vorstellung von Simonides existiert: Kallinikos wird Jahre später eine wichtige Rolle für Simonides übernehmen: als Kronzeuge. Er wird die Echtheit bedeutender Simonides-Werke bestätigen. In Briefen, bei denen allerdings die Ähnlichkeit mit der Handschrift Simonides' auffällt und die auf Papier geschrieben sind, wie es Simonides benutzt hat. Kaum nötig zu erwähnen: Kallinikos soll sich in Odessa und Moskau aufgehalten haben, an Konstantins angeblichen Studienorten.

Daran gewöhnt man sich nach einer Weile: keiner noch so einladenden Quelle ohne weiteres zu vertrauen, denn er könnte seine Hand darin gehabt haben. Aber das Simonides-Virus verbreitet sich, hat man erst einmal Kontakt aufgenommen, schleichend und unaufhaltsam und greift sicher geglaubtes Wissen an. Auf einmal geraten Namen, Zahlen und Orte in den Verdacht, nur in der Phantasie eines griechischen Fälschers zu existieren. Wer lügt nachhaltiger, wer weiß es besser? Nicolaidis, von 1839 bis 1853 Erzdiakon von Thessaloniki und häufiger Gast auf dem nahe gelegenen Heiligen Berg, gibt in der Zeitschrift *Parthenon* an, er habe nie etwas von einem Benedikt auf dem Athos gehört. In Spyridon Paulou Lampros *Catalogue of the Greek manuscripts on Mount Athos* (Cambridge, University Press, 1895–1900), dem berühmten Verzeichnis der damals bekannten historischen Athos-Manuskripte, wartet eine böse Überraschung für Simonides-Apologeten. Auch für Simonides-Ankläger ist es eine Herausforderung. Mehrfach taucht auf der Inventurliste der – wenn auch nicht allzu seltene – Name Benedikt auf. Benedikt, der die Abschrift einer alten Urkunde signiert – mehrere Jahre nach seinem Tod! Ein mittelalterliches Kirchendokument, das Konstantin später in England zum Kauf anbietet, trägt Benedikts Signatur, mit der Jahresangabe 1844. Simonides lässt die Toten für sich arbeiten.

Wer Mönch auf dem Athos wird, wer anheuert auf diesem maritimen Klosterberg, an dem einst die Flotte des Perserkönigs Xerxes auf ihrem Weg nach Athen zerschellte, der lässt nicht nur alle Hoffnung, sondern auch alle persönliche Erinnerung fahren. Vergangenheit wird abgelegt wie eine alte Jacke. Ein neues Leben beginnt, eine neue, ältere, kollektive Vergangenheit wird angenommen. Es ist die oberirdische Station des Hades, weltliche Wahrheitssuche wird hier als Anschlag auf die schon nicht mehr persönliche Integrität empfunden; wie in der Fremdenlegion. Reine Männergesellschaften neigen zur Verschwiegenheit ebenso wie zur Übertreibung. Eine Frau, die es wagt, den Berg Athos zu betreten, den Garten der Heiligen Jungfrau, würde sogleich vom Blitz erschlagen. So erzählten es über Jahrhunderte die Seeleute – dass Athos-Ikonen heilen, sprechen und, wenn es nottut, auch schwimmen können. Sie weinen, sie haben die Kraft, Feinde mit Blindheit zu schlagen, und sie verbrennen nicht im Feuer. Eine geschlossene Welt: 1997 war im Byzantinischen Museum Thessaloniki einige Wochen lang zum ersten und bislang letzten Mal eine Ausstellung mit Ikonen und Manuskripten vom Heiligen Berg zu sehen. Auch wenn es sich nur um eine kleine Auswahl handelte, hat man doch eine Vorstellung vom unermesslichen Reichtum der Athos-Klöster gewonnen. Sie besitzen, nach eigenen Schätzungen, um die 15 000 handgeschriebene Bücher, zumeist in griechischer Sprache; darunter auch lateinische, arabische, slawische Manuskripte, musikalische Codices, Buchmalereien und Inkunabeln wie die erste gedruckte griechische Homer-Ausgabe (Florenz, 1488). Ein bibliophiles Paradies. Nach Angaben von Curzon aus dem Jahr 1837 – der englische Lord bediente sich in den Athos-Klöstern nach Leibeskräften – lag die Zahl der Manuskripte auf dem Berg bei rund 18 000. Die wahren Verluste lassen sich nicht beziffern.

Auf dem Athos gehen die Uhren nicht unbedingt anders, es laufen dort unterschiedliche Zeitrechnungen parallel. Die Mönche des 21. Jahrhunderts haben Mobiltelefon und Internet. Aber wenn man zu Beginn des neuen Jahrtausends mit einem griechischen Mönch über die Beziehungen von Christen und Muslimen spricht, dann wird er zornig und beklagt den Untergang Konstantinopels anno 1453 in einer Weise, als hätten die Türken dort gestern erst die Stadtmauer überwunden. Der Athos war über Jahrhunderte ein byzantinischer Biotop. Nirgendwo anders hätte Simonides sich verstecken können. Nirgendwo sonst lagen Weltabgewandtheit und Wissen so nah beieinander. Und Größenwahn: Deinocrates, der Architekt Alexanders des Großen, hatte den Plan, aus dem Athos-Bergmassiv ein zwei Kilometer großes Standbild Alexanders herauszuhauen. In der einen Hand sollte der Wolkenkratzerriese eine Stadt halten, in der anderen eine Quelle. Die Stadt für die Menschen, die Quelle für die Götter. Strabo und Plutarch berichten davon. Alexander, ohnehin unter Zeitdruck, lehnte ab. Er wollte nicht protzig erscheinen wie die Perser. Xerxes hatte, nach dem Verlust seiner Kriegsflotte an der Spitze der Halbinsel, auf der Athos-Landenge für seine Schiffe einen mehrere Kilometer langen Kanal ausheben lassen.

Geschichten, die ein Simonides sich nicht schöner hätte ausdenken können.

DAS ERFUNDENE GRIECHENLAND: EUROPA, LORD BYRON UND DIE PHILHELLENEN

Ein englischer Lord besingt Griechenland und rüstet sich zum Kampf. Europa baut mit Geld, Idealismus und Kriegsschiffen einen Satellitenstaat am Mittelmeer. Ein verlorener Byron-Sohn macht sich mit Fälschungen einen Namen.

THE ISLES of Greece! the isles of Greece!
Where burning Sappho loved and sung,
Where grew the arts of war and peace,
Where Delos rose, and Phœbus sprung!
Eternal summer gilds them yet,
But all, except their sun, is set.

The mountains look on Marathon –
And Marathon looks on the sea;
And musing there an hour alone,
I dream'd that Greece might still be free;
For standing on the Persians' grave,
I could not deem myself a slave.

GEORGE NOEL GORDON BYRON

BYRON ist körperlich und seelisch angeschlagen, als er sich im Sommer 1823 in das griechische Freiheitsabenteuer wirft. Es wird der letzte große Akt für den alternden Poeten und Popstar von der britischen Insel, diesen entschiedensten Griechenlandliebhaber jener von der griechischen Idee so besessenen Epoche. Ohne die Galionsfigur seiner Lordschaft kann man die Philhellenen nicht verstehen. Politisch und kulturell bereiten Byron und Co. für Konstantin Simonides die Bühne. Der eingebildete Grieche Byron verlässt die Welt, in die der so erfinderische Grieche Simonides hineingeboren wird.

Er ist 35 und lebt seit sieben Jahren im italienischen Exil, mit der verheirateten Gräfin Teresa Guiccioli. Er fühlt sich ausgebrannt. Als Shelley, sein Dichterfreund, auf einer Segeltour im

Mittelmeer ertrinkt, äschern sie die von den Fischen angefressene Leiche am Strand von Livorno ein. Byron betrachtet den Scheiterhaufen mit finsterer Ergriffenheit. Teresa gilt als seine letzte Liebe, ein letzter Versuch, mit einem anderen Menschen zu sein. Ein fürchterliches Symbol des ultimativen Scheiterns: In dem Roman *Schande* lässt J. M. Coetzee seine merkwürdig passive männliche Hauptfigur von einer Oper träumen, die sich um diese letzte Liebe von Byron und Teresa drehen soll. Das Ende aller Anfänge.

Wilde Romantik, Skandal und Tabubruch begleiten ihn von Jugend an. You name it. Bisexualität und Inzest, verschwenderischer Lebensstil und drückende Geldprobleme, ungestüme politische Anläufe, eine gescheiterte Ehe, splendide Affären, mit vierundzwanzig Bestsellerautor über Nacht, mit dem Weltensammler-Versepos *Childe Harold's Pilgrimage*: Byron wird von seiner Biografin Benita Eisner als »glänzender Selbstdarsteller mit magnetischer Anziehungskraft« bezeichnet, und dieser für Männer wie Frauen unwiderstehlichen Aura hat er »die epikureischen Freuden eines Londoner Herrenclubs« hinzugefügt. Eine wahrhaft britische Mischung. Ein *role model* für Oscar Wilde, Lawrence von Arabien, John Lennon. Adel durch Exzess und Genie – und Tragödie.

Ein ungemein schöner Typ, mit Lockenkopf und sinnlichen Lippen, wenn ihn die Legionen von Portraitmalern und Biographen nicht allzu sehr herausgeputzt haben. Und mit einer Achillesferne, wie der homosexuelle Held Homers, der vor Troja fällt: Byron hat einen Klumpfuß, er hinkt. Er ist ein leidenschaftlicher Reiter, er hat keinerlei militärische Ausbildung, aber er weiß mit Pistolen umzugehen, und er hält sich noch in kältestem Wasser mit geradezu selbstmörderischer Ausdauer. Auf seiner ersten großen Reise in den Jahren 1809 bis 1811 hat er die Dardanellen durchschwommen.

Damals, auf seiner gezwungen-romantischen Tour im heutigen Albanien und in Athen, packt ihn die Griechenlandliebe. Es liegt in der Zeit. Franzosen, Deutsche, Engländer vor allem kultivieren ab dem späten 18. Jahrhundert eine kaum stillbare Sehnsucht nach der strahlend hellen Antike; so wie die Hippies in den Siebzigern nach Afghanistan und Indien pilgerten. Mit den modebewussten Philhellenen hat Byron jedoch wenig gemein. Er hat das Land der Träume gesehen, die Griechen erlebt, er hält nicht viel von ihrem sklavischen, tückischen Charakter. Ihn treibt etwas anderes an als dieser damals weit verbreitete akademische Griechenland-Idealismus.

Dort hat er sich zum ersten Mal vollkommen unbeobachtet und frei gefühlt. Im Herbst des Jahres 1810 soll es gewesen sein, im Kloster Pendeli, unweit von Athen, seinerzeit ein polyglottes, multikulturelles Dorf und noch nicht wieder Hauptstadt eines freien Griechenland. Das würde erst 1834 so sein, zehn Jahre nach Byrons Tod. In einem orthodoxen Kloster also. Pendeli gilt, wie der Athos, als Hort griechischer Sprache und Kultur während der Jahrhunderte türkischer Herrschaft; Mönche aus Pendeli kämpfen mit im Befreiungskrieg.

»Die drei Jungen, zu denen sich Byron am heftigsten hingezogen fühlte – Edleston in Cambridge, Giraud in Athen, Chalandritsanos in Misolunghi – waren alle fünfzehn Jahre alt, als die Beziehung mit Byron begann«, schreibt Stephen Minta in seinem Buch *On a Voiceless Shore – Byron in Greece*. Und er liefert eine kulturhistorische Erklärung, die in die Antike zurückgeht: »Die Griechen im 5. Jahrhundert v. Chr. lebten ihre Sexualität frei von religiösen Einschränkungen. Später, im christlichen Zeitalter, zeigte sich die orthodoxe Kirche der Griechen sehr viel weniger an Sexualmoral interessiert als die Katholische oder Protestantische Kirche im Westen. Dieses zweifache Erbe, aus der Antike und Byzanz, unterscheidet die griechische Haltung zur Homosexualität erheblich von der Englands im 19. und gewiss auch noch im 20. Jahrhundert.«

Diese Einschätzung scheint nicht frei von Idealismus, wenn man an Konstantin Simonides denkt, der ein Opfer solcher Traditionen wird. Byron aber schwimmt sich in Griechenland frei; er wird es nie vergessen, »warm seas and blue skies«. Das englische Klima, die bigotte Gesellschaft sind ihm zuwider, er hält wenig von der blinden, kitschigen Griechenlandbegeisterung seiner Landsleute. Antike Säulen und Skulpturen geben ihm nichts. Er liebt das leere, arme Land, die sexuelle Freizügigkeit. Lord Elgin überzieht er mit öffentlichem Spott und Verachtung. Viele dieser Philhellenen sind in seinen Augen Diebe und Plünderer, Spinner in ihren Salons. Was für eine Ironie, niemand entkommt seiner Zeit: Als Byron im April 1811, nach der vielleicht glücklichsten Phase seines Lebens, von Malta nach England segelt, befindet sich an Bord seines Schiffes die letzte Lieferung der Elgin Marbles, der Figuren vom Parthenonfries, die heute im British Museum in London ausgestellt sind.

Zwischen seiner ersten Südeuropareise und dem Gang ins italienische Exil liegen nur fünf Jahre. Weitere sieben Jahre, die er vor allem in Ravenna und Genua verbringt, und er ist zur letzten Reise bereit. Italien langweilt ihn. Seine persönliche sexuelle Revolution verbindet sich mit dem Süden, es folgt das militärisch-politische Abenteuer, die griechische Revolution; bei den Achtundsechzigern lief die Selbstfindung im Grunde auch nicht viel anders.

Anfang April 1823 treffen Abgesandte des Griechischen Komitees aus London bei Byron in Genua ein. Der Dichter hat sich bereit erklärt, ins Kriegsgebiet zu reisen und bei der Auszahlung von Hilfsgeldern für die schlecht organisierten Aufständischen mitzuwirken und Informationen zu sammeln. Er ahnt, was ihn erwartet, er macht sich über den Zustand der sogenannten griechischen Armee keine Illusion. Wohl aber über die eigene Rolle: Schon auf seiner ersten Griechenlandreise hat er sich nach dem großen Auftritt des Befreiers gesehnt. Nun holt ihn seine Freiheitslyrik der frühen Jahre ein. Ein Held der Selbstverwirklichung.

Als wollte er zum Karneval nach Venedig aufbrechen: Byrons Sturmgepäck ist wilde Maskerade, große Oper. Eine goldbetresste Purpuruniform wird eingepackt, dazu Dutzende edler Schwerter, Dolche und Feuerwaffen und ein gewaltiger homerischer Helm, den Byron selbst entworfen hat; mit Federn, dem Byron'schen Wappen und der Aufschrift »Crede Byron« (Glaub an Byron!) verziert; zu groß und zu schwer, um im Kampfeinsatz getragen zu werden. Aber dazu soll es nicht kommen. Byron wird mit sich selbst ringen – und mit den Griechen. Das Boot, das den Helden des neuen Griechenland nach Süden bringt, will er auf den Namen »Bolivar« taufen. Simon Bolivar, der Freiheitsheld Lateinamerikas. »Byrons Expeditionsvorbereitung«, schreibt Benita Eisner, »brachte wieder einmal seine Extreme – den desolaten Rationalisten, den hemmungslosen Romantiker – zum Vorschein.«

Die Vorzeichen hätten nicht finsterer sein können. Erst nach drei Fehlstarts wegen schlechten Wetters segelt die Herkules – ein doch passenderer Name als Bolivar – am 13. Juli 1823 von Genua ab. Ein Brief, in dem ein Verbindungsmann des Komitees Byron dringend rät, die Reise »auf unbestimmte Zeit« zu verschieben, die Zustände in Griechenland seien allzu chaotisch, trifft erst einige Wochen nach dem endlichen Aufbruch in Genua ein. Am 3. August erreicht die Herkules mit Byron und seiner Handvoll Begleiter den Hafen der ionischen Insel Kefalonia. Und kaum hat der Dichter wieder seinen Klumpfuß auf griechischen Boden gesetzt, beginnen die Absurditäten. Im Hafen engagiert Byron 40 suliotische Stammeskrieger als seine Privatarmee; im nächsten Moment überlegt er sich es anders und schickt die Männer nach Hause, mit einem Monatssold. »Der Instinkt, welcher den Geier das Aas aus großer Ferne entdecken lässt, wird zweifellos übertroffen durch die feine Nase, mit der die Griechen schon von weitem Geld riechen«, so wird Edward John Trelawny, Byrons Kapitän, gut dreißig Jahre später in seinen Memoiren ätzen *(Recollections of the Last Days of Shelley an Byron)*. Die britischen Griechenlandfahrer fühlten sich überlegen, wie die ersten Franzosen und Amerikaner in Vietnam. Und sie haben nach überstandenem Abenteuer fleißig ihre angeberischen Erinnerungsbücher geschrieben.

Ein Krieg wie jeder andere Befreiungskrieg. Die Griechen, kaum dass sie einmal die Oberhand gewinnen, metzeln türkische Dörfer nieder, schlachten Frauen und Kinder und Gefangene ab. Eine wackelige Regierung wird aus dem Boden gestampft, und sogleich brechen bürgerkriegsähnliche Zustände aus in den von den Türken befreiten Landesteilen. Afrikanische, lateinamerikanische Verhältnisse: Griechenland, keine Bananenrepublik, eine Tempel- und Säulenrepublik vielmehr. Sie zieht Freiwillige magisch an, Söldner, Ärzte, Ingenieure, Träumer, Glücksritter aus ganz Europa. Sie werden schnell verheizt.

In den Hauptstädten der Großmächte, die sich der griechischen Sache verschrieben haben, werden Berichte von Gräueltaten der eigenen Kriegspartei unterdrückt oder ignoriert. Die philhellenischen Regierungen schicken – auch das ein bekanntes Muster – zunächst Geld und Militärberater, dann mehr Geld und mehr Berater, am Ende sehen sie sich, um nicht die eigene Politik zu diskreditieren und die erbrachten Opfer als sinnlos erscheinen zu lassen, zum Eingreifen im großen Stil gezwungen. Byron scheint sich darüber im Klaren gewesen zu sein: »Ob ich scheitere oder nicht scheitere, ich kann kaum eine Enttäuschung erleben – denn ich habe von Anfang an gewusst, dass ich einen sinnlosen Gang tue.« Ein bitterer Skeptiker in der Maske des Idealisten. Sicher ist: Hätte man in Nord- und Westeuropa und Amerika ein realistisches Bild vom Land der Griechen und seinem Kampf gegen die Türkenherrschaft gehabt, dann wäre dieser Krieg anders ausgegangen. Der Traum von der Antike, das ist in den zwanziger Jahren des 19. Jahrhunderts die stärkste Waffe der griechischen Freischärler, Händler, Piraten und Warlords. Eine 2000 Jahre alte Tradition, mächtiger als ein türkisches Weltreich, das sich im Abstieg befindet. Kein Fall von Geschichtsfälschung – hier wird die Gegenwart verfälscht, aufgehellt, idealistisch aufgerüstet, mit Hilfe einer gloriosen Historie.

Byron sitzt erst einmal in Kefalonia fest. Er zögert. Trelawny schimpft ihn einen »Touristen« und schließt sich, wie Benita Eisner schreibt, dem »skrupellosen Banditenführer des östlichen Griechenland, Odysseus Androutsos«, an, bei dem er »in den örtlichen Harems die jüngsten Mädchen« genießt. Griechenland im Befreiungskrieg, ein sicherer Hafen für Pädophile. Byron wird von allen Seiten um Geld angegangen. Die Kriegskasse der Griechen ist leer. Der provisorischen Regierung leiht Byron 4000 Pfund aus seiner Privatschatulle. Am 4. Januar 1824 schafft er es, sich nach Missolunghi aufs Festland durchzuschlagen – und wird wie der Messias empfangen. Die Tragikomödie spitzt sich zu: Trotz eklatanten Munitionsmangels feuern die Griechen aus Musketen und Kanonen, als der neue Imperator in Missolunghi Einzug hält. Die Bevölkerung hat Feiertagstracht angelegt und bereitet ihm einen großen Bahnhof.

Die Stadt ist ein Drecksloch in den Sümpfen, ausgezehrt von langer türkischer Belagerung. Es regnet über Wochen. Byron erschöpft sich in endlosen Verhandlungen und Missverständnissen mit den untereinander zutiefst zerstrittenen Griechen. Eine »Byron Brigade« wird aufgestellt. Prinz Mavrokordatos, von den Kriegsherren wohl nicht der Allerschlimmste, ernennt Byron zum Oberbefehlshaber Westgriechenlands; stets mit Blick auf das englische Geld, das Byron repräsentiert. Der Horror nimmt seinen Lauf, immer schneller. Unter den diversen Truppenteilen brechen blutige Scharmützel aus, was die Türken wieder auf den Plan ruft. Die Belagerung beginnt von neuem. Byron gehen die Mittel aus. Das Winterwetter verschlechtert sich: Byron ist gefangen in Missolunghi. Am 22. Januar feiert er in trüber Stimmung seinen 36. Geburtstag – seinen letzten.

Am 13. April beginnen die Fieberanfälle. Es folgen Husten und Erbrechen. Die Kurpfuscher wissen sich nur mit Aderlässen zu helfen, ein Mittel, das Byron zeit seines Lebens abgelehnt hat. Jetzt fehlt ihm dazu die Kraft. Er fällt ins Delirium. Am 19. April öffnet er ein letztes Mal die Augen – natürlich gehen die Berichte von seinen letzten Stunden im Detail weit auseinander. Jeder will dem Sterbebett des Dichters am nächsten gewesen sein. Bei der Autopsie werden die inneren Organe herausgenommen. Byrons Lunge findet in einer Kirche St. Spiridon in Missolunghi ihre letzte Ruhestätte, die Bürger wünschen sich eine Reliquie. Der Leichnam kommt in einen mit Zinn ausgeschlagenen Kasten, der zum Schiffstransport nach England in ein mit Alkohol gefülltes Fass eingelassen wird. Drei Monate später laden Freunde die sterblichen Überreste in London aus.

Drei Jahre später, am 20. Oktober 1827, bringen die Alliierten das griechische Abenteuer zu Ende. Britische, französische und russische Kriegsschiffe schießen in der Bucht von Navarino binnen weniger Stunden die osmanische Flotte zusammen. Navarino geht als letzte Seeschlacht mit Segelschiffen in die Geschichte ein. Ein Kriegsende von hoher Symbolik: In der Bucht von Navarino hatten die Türken und die Alliierten dicht beieinander geankert. Die Seeschlacht entwickelte sich aus ruhender Position, nach einem offensichtlichen Missverständnis auf türkischer Seite. Die Welt war dicht zusammengerückt wie nie zuvor – und Griechenland befreit, in einem modernen Stellvertreterkrieg.

Wie so viele Griechen, hat Simonides für die Byronisten und Philhellenen wenig übrig – diese neuen, kulturellen Besatzer. Byrons Nachruhm wächst indessen mit beängstigender Geschwindigkeit. Zwanzig Jahre nach seinem Tod macht ein Nachfahre des geharnischten Poeten auf sich aufmerksam, ein Mann von wahrhaft Simonides'schen Qualitäten. Sein Name: Major Byron, oder auch de Gibler, oder Monsieur Memoir. Ein verlorener Sohn des Griechenlandkämpfers. Seine Mutter soll eine Gräfin Luna gewesen sein, und Lord Byron soll 1809, als er in Spanien und Portugal unterwegs war, eine heftige Affäre mit ihr gehabt haben. Gräfin Luna entstammte einer streng katholischen Familie, weswegen das illegitime Kind des Engländers versteckt wurde. Dem Jungen hat es nicht geschadet. Er schlägt die militärische Laufbahn ein. Den Rang eines Majors will dieser Byron/Gibler/Memoir im Dienst der britischen Armee in Indien erworben haben.

1844 taucht er in London auf. Er beginnt, Material über den berühmten Vater zu sammeln, um den sich eine kultische Verehrung rankt. Für das Jahr 1848 kündigt er eine dreibändige Byron-Biographie an. John Whitehead berichtet in *This Solemn Mockery* (1973), einem Standardwerk über literarische Fälscher, ausführlich von dem Fall. Nach dem Verkauf eines Konvoluts von angeblichen Byron-Briefen flieht der Major nach New York – um dort erneut eine umfangreiche Byron-Publikation zu annoncieren. Ein erster Band erscheint, die Täuschung fliegt auf, und Major Byron pendelt von nun an in immer kürzeren Intervallen zwischen England und den USA. Er versucht es mit erfundenen Shelley-Briefen, sie wechseln bei Sotheby's zu einem hohen Preis den Besitzer; bis auch diese Blase platzt.

Ein gebildeter Mann, wie Simonides. Major Byron spricht mehrere Sprachen fließend, er tritt selbstbewusst auf, macht sich die Aura des Offiziers zunutze. Gelegentlich nennt er sich auch George Gordon, Oberst George Gordon. 1882 stirbt er in London. Seine wahre Identität wird nie enthüllt. Ob er tatsächlich Byrons Sohn war. Ob er selbst die Briefe des Dichters fälschte oder andere Handschriftenspezialisten für sich arbeiten ließ. Mitte des 19. Jahrhunderts war das Fälschen offenbar eine Art Volkssport.

»Mit seinen Fälschungen«, schreibt Whitehead, »hatte er wenig Erfolg. Aber er hat sich einen Namen gemacht, wenn auch nicht so, wie er es sich gewünscht hatte.« Whitehead schließt mit der interessanten Frage, weshalb Major Byron sich nicht eingehender mit John Keats, dem so jung in Rom verstorbenen englischen Dichter der Romantik, beschäftigt hat. Keats war ein dankbares posthumes Opfer. Major Byron soll einige wenige Keats-Autographen gefälscht haben, was angesichts der schlichten Keats'schen Handschrift einerseits leicht, aber andererseits keine Herausforderung für einen gestandenen Fälscher gewesen sei.

J. A. Farrer spricht in *Literary Forgeries* (1907), dem Klassiker zum Thema, am Ende des Kapitels über Major Byron eine resignierende Warnung aus: »Die Aufdeckung des Betrugs verdankt sich eher dem Zufall als der Weisheit und Kenntnis der betroffenen Fachleute. Welche Hoffnung kann da der gewöhnliche Sammler oder Käufer solcher Stücke haben?« Schon im ersten Satz des Buchs schreibt Farrer, dass bei den antiken Griechen die Technik des Schreibens unter berühmten Namen floriert habe, und zwar lange bevor das Gütesiegel und das Geld der Ptolemäischen Bibliotheken die Buchproduktion anregten. »Und noch verwirrender«, heißt es da weiter, »war die Praxis der Sophisten, als Schreib- und Rhetorikübung fiktive Reden oder Briefe großer Männer abzufassen: Manche kamen so als Originale in die Welt.« Wenn die Griechen die Literatur erfunden haben, die literarischen Formen, dann haben sie zugleich die Fälschung erfunden. Was im Grunde und am Ende ein und dasselbe ist: geistige Arbeit und geistiger Diebstahl.

Bald zweihundert Jahre sind seit Byrons Tod vergangen, und schon zu Lebzeiten des Lords war die exklusive Grand Tour britischer Adelsbengels durch Südeuropa Geschichte, wurde das allgemeine touristische Zeitalter eingeläutet. Es hat im 21. Jahrhundert die gesamte Welt erfasst. Tag für Tag stehen Menschen

Schlange vor dem neuen Akropolis-Museum. Sie suchen in Kontakt zu kommen mit einer Vergangenheit, die größer erscheint als die Gegenwart, geheimnisvoller und zugleich geordneter.

Als im Juni 2009 in Athen der machtvolle, geheimnisvolle Bau des Schweizer Architekten Bernhard Tschumi eröffnet wurde, war von griechischer Staatspleite und Euro-Krise noch nichts zu spüren. Welch ein Timing, welch ein nationalstolzer Coup, so kurz vor dem Absturz! Welch ein Sinnbild: Die Akropolis diente dem athenischen Stadtstaat als Schatzhaus.

1863 wurde das erste Akropolis-Museum in Athen errichtet, 1937 das zweite. Beide auf dem Akropolisfelsen, und beide alsbald zu klein. Die diversen Museumsanläufe spiegeln den Kampf um das Bild der Antike wider, den Versuch der Wiedergewinnung historischer Größe und nationaler Identität. Das neue Akropolis-Museum setzt eine Zäsur. Denn mit ihm reklamieren die Griechen die nach England verschleppten Teile des Parthenon-Tempels, die Elgin Marbles; wie sehr hat Byron diesen Elgin verachtet! Ostentative Lücken klaffen in der Ausstellung – an jenen Stellen des Parthenon-Frieses, die »derzeit im British Museum in London zu sehen sind«, wie es diplomatisch und doch eindeutig heißt. Dieses zeitgenössische Haus der Antike, das ausschließlich Fundstücke der Gegend rund um die Akropolis zeigt und über antiken Mauern errichtet wurde, verändert jedoch die Perspektive auf die Klassik noch einmal grundsätzlich und allgemein.

Es erinnert an Airport-Architektur. Und so schickt dieses jüngste Akropolis-Museum den Besucher zu neuen Destinationen. Es ist eine andere Antike, die einem begegnet, anders als im alten Athener Nationalmuseum, im British Museum oder im Neuen Museum auf der Berliner Museumsinsel. Dort hat der Architekt David Chipperfield die Zeitschichten erhalten, die Schäden aus dem Zweiten Weltkrieg konserviert – die Zeit selbst zeigt ihre Wunden. Die klinisch blanke Präsentation des neuen Athener Schreins nimmt den Objekten die Patina, man glaubt ihnen näher zu kommen, die Skulpturen bekommen eine jugendliche Aura. Es scheint, als wollten diese Aphrodite, jener Jüngling zum Tanz aufgefordert werden. Als würde man zurückgebeamt in die Zeit, in der sie entstanden. Wirken die athenischen Statuen im Gehäuse des 21. Jahrhunderts nicht mit einem Mal schlanker? Sind sie nicht sprechender, auf eine sonderbare Art weniger klassisch? Antike Skulpturen waren eben nicht klassisch weiß. Hier sieht man zum ersten Mal in größerer Zahl Statuen mit roten Haarsträhnen und Resten farbiger Gewänder. Kultur und Kulturgeschichte, das ist eine Frage der Inszenierung, des Lichts, der sie umgebenden Museumsarchitektur – der Ansprache; und wer hätte das besser gewusst als Lord Byron.

Der Boden unter den Füßen beginnt zu schwanken. Eine 2300 Jahre junge Athenerin blickt einen plötzlich mit ägyptischen Augen an. Gewissheiten verschwinden, die nichts anderes waren als Schulweisheit und Konvention. Was ist Kultur? Das Bild der Vergangenheit, der Geschichte, gefiltert durch gegenwärtige Techniken und Bedürfnisse, Erwartungen und Erkenntnisse. Wie wird Kultur bestimmt? Einfühlung liegt dicht bei Erfindung, Entdecken heißt Interpretieren.

Forschen. Finden. Fälschen: der zivilisatorische Dreisatz. Man sucht unter dem nivellierenden Druck der Globalisierung einen Halt, einen ästhetischen Anhalt, und dabei stellt sich heraus, dass schon die alte griechische Welt von Globalisierungswellen erfasst war. Das in siebenjähriger Bauzeit entstandene Museum – mit seiner konstanten Innentemperatur von 23 Grad und dem raffiniert gefilterten Tageslicht – zeigt ein Update des Altertums, eine neue Oberfläche und Wahrnehmung. Das Geheimnis des Tschumi-Baus erschließt sich aber erst am Ende des Parcours. Es liegt im obersten Stockwerk. Der dunkle Kubus ist gegen die Achse der beiden unteren Stockwerke gedreht, er ist das Geniestück dieser so widersprüchlichen Architektur. Er gibt exakt die Proportionen und die Ausrichtung des Parthenon-Tempels wieder, der sich wenige hundert Meter entfernt und greifbar nah über der Stadt erhebt. Ein Penthouse für die Göttin Pallas Athene.

DIE SYMAIS

Konstantin Simonides erobert Athen. Er entdeckt eine antike Philosophen- und Ingenieursschule – mit U-Booten und Wunderfeuerwaffen. Im Gelehrtenstreit spaltet er die junge Hauptstadt mit dem deutschen König – und ergreift die Flucht.

Mahlerey ist mir allzeit willkommen. Seitdem die Falschheit mit der Natur des Menschen ein Gewerbe treibt, ist ein gemahlter Mensch soviel als ein natürlicher; gemahlte Figuren sind gerade das, wofür sie sich geben.

SHAKESPEARE, *Timon von Athen*,
in der Übersetzung von Christoph Martin Wieland

DAS JAHR 1848 ist eines der Zuspitzung in Europa. Barrikaden brennen, Revolution in Berlin, Paris und Wien. Das *Kommunistische Manifest* erscheint. Athen, die neue Hauptstadt des unabhängigen Griechenland, verzeichnet kaum Militanz. Die Aufstände gegen den aus Bayern gekommenen König Otto I. haben sich in den Jahren zuvor erschöpft, aber der Nationalismus schwelt weiter. Griechenland, eine alliierte Zangengeburt. Die Staatskasse ist auf externe Hilfe angewiesen, das macht den Fremden auf dem Thron und die englische und französische Schutzmacht nicht beliebter. »Die Griechen leben in einer Traumwelt, als deren Mittelpunkt sie sich fühlen«, schreibt ein britischer Würdenträger in einem Brief nach London: »Sie sehen die Schutzmächte als seltsame, exotische Gottheiten an, die um das Schicksal Griechenlands zanken.«

Konstantin Simonides ist jetzt endlich in Athen angekommen. Er schließt sich nationalistischen Zirkeln an, wird aber wegen seiner altertümlichen Sprechweise und Erscheinung nicht ernst genug genommen, um für eine Führungsposition in Frage zu kommen. Er scheitert mit dem Versuch, eine eigene Zeitschrift zu gründen, die *Athenais*, und taucht gelegentlich als Autor in anderen kurzlebigen Publikationen auf. In der politischen Szene der noch dörflichen Kapitale fällt er trotz seiner kostümierten, etwas überzogenen Erscheinung nicht weiter auf. Die griechische Opposition gegen den Herrscher aus Bayern ist schwach und zerstritten, eine krähenhafte Type wie Simonides passt da gut ins Bild. Er kommt nicht voran. Eine Weile vergeht, bis er begreift, dass sein Talent nicht politischer Natur ist; ihm steht sein impulsiver Charakter im Weg. Seine Waffe ist die Kultur. Sein erklärter Feind wird der Archäologe, Dramatiker, Übersetzer und Diplomat Alexander Ritsos Rangabe (1810–1892). Ein viel beschäftigter Mann, der viele Neider hat: Bis 1841 war er mit der obersten Leitung des Unterrichtswesens betraut, gründete Volksschulen und Gymnasien und war einer der Mitbegründer der Archäologischen Gesellschaft in Athen. Später war Rangabe Professor der Archäologie an der Universität Athen, griechischer Gesandter in Washington, Paris und im Deutschen Reich und wurde 1878 als zweiter Bevollmächtigter Griechenlands beim Berliner Kongress delegiert. Für Simonides ein Kollaborateur.

Er entwirft einen bizarren Schlachtplan. Und er tritt zum ersten Mal öffentlich als Schwindler auf. Simonides fälscht Rangabes Unterschrift, um den Politiker zu diskreditieren. Und nicht nur das: Er bringt einen falschen Rangabe-Brief in Umlauf, in dem Rangabe Simonides die beträchtliche Summe von 5000 Drachmen anbietet, um ihn zur Rücknahme seiner Schrift über den Mönch Panselinus und dessen Erfindung der »Heliographie« zu bewegen. Der Fälscher macht es sich nicht leicht. Das ominöse Schreiben ist an Simonides adressiert, und dieser wird darin aufgefordert, eine Publikation zu widerrufen, die ein reines Phantasieprodukt ist. Simonides stellt sich also selbst als Opfer einer Intrige dar. Der Fall hat einen nationalistischen Hintergrund: Ein Franzose namens Didron hat 1845 in Paris ebenfalls ein Malerbuch vom Athos herausgegeben, allerdings ohne Erwähnung des angeblich schon so alten fotografisch-heliografischen Verfahrens. Simonides schließt daraus: Didron will seinen Landsleuten Niepce und Daguerre den alleinigen Ruhm der

Erfindung sichern und den Anteil des griechischen Mönchs unterschlagen. Rangabe wiederum soll durch den gefälschten Brief an Simonides als Parteigänger der Franzosen, als schlechter Patriot und Ränkeschmied bloßgestellt werden, der aus politischen Gründen die Wissenschaft der eigenen Nation fremden Kopisten ans Messer liefert.

Die Panselinus-Didron-Rangabe-Affäre endet für Simonides mit einer mehrmonatigen Gefängnisstrafe, als die Sache auffliegt. Ob Gift oder Urkundenfälschung, in seinem Kopf wuchern so viele Pläne. Noch weiß er seine kriminelle Phantasie nicht umzusetzen, ohne dass er selbst Schaden nimmt. Man bekommt hier schon einen guten Einblick in das Simonides'sche Denken: Er neigt erstens zu einer hohen, wenn nicht überhöhten Einschätzung seines öffentlichen Einflusses. Zweitens legt er sich mit wem auch immer an, er fürchtet weder Rang noch Namen. Und drittens ist es bei ihm nicht mit einfacher Fälschung getan, er spezialisiert sich früh schon auf ausgeklügelte Falsifikationsketten. Und damit sich der Gefängnisaufenthalt auch gelohnt hat, macht Simonides sein Opfer Rangabe nachher zum Außenminister Griechenlands.

In dem jungen griechischen Staat sind die Altertümer ein Politikum. Raimund Wünsche erwähnt in dem Buch *Die erträumte Nation. Griechenlands Wiedergeburt im 19. Jahrhundert* zwei Episoden, in denen sich der Krieg und die Identifikation mit der antiken Kunst verknüpfen: »Es wird erzählt, dass griechische Freiheitskämpfer bei einer der mehrfachen Belagerungen der von Türken besetzten Akropolis ihren Feinden sogar die Bleikugeln lieferten, damit die Türken sich nicht an den antiken Bauten vergriffen, um sich dort aus den antiken Verklammerungen das Kugelblei zu holen.« Und der Freiheitskämpfer Jannis Makriyannis soll in Argos Soldaten, die antike Statuen an Ausländer verkaufen wollten, mit den Worten abgehalten haben: »Wenn man euch auch zehntausend Goldstücke dafür gibt, sollt ihr euch nicht dazu herablassen, diese Werke aus dem Vaterland wegzugeben. Für diese Statuen haben wir gekämpft.«

Griechenland als Satellit des in voller Industrialisierung stehenden, zivilisierten Nordens: ein Beispiel von modernem *nation building.* Eine seltsame Mischung von kolonialen Verhältnissen und Aufbauarbeit. In Europa, zwischen verwandten Kulturen. Sei es aus Repräsentationsbedürfnis, sei es aus genuinem Interesse oder auch nur im Bewusstsein der europäischen Mode: König Otto engagiert sich für die Kultur des Landes, das ihn nicht liebt. Er holt den Architekten Leo von Klenze nach Athen. Klenze kümmert sich um die Stadtplanung, entwirft eine Art Denkmalschutzgesetz, lässt Ruinen bewachen; Plünderungen sind damals an der Tagesordnung. Von Griechenland inspiriert, baut Klenze in München die Glyptothek, die Alte Pinakothek und die Propyläen. Sein berühmtestes Bauwerk ist die Walhalla in Regensburg: eine *hall of fame* deutschen Geniekults, ein nordischer Olymp, eingeweiht 1842 von König Ludwig I. Der Kulturhistoriker Jörg Traeger beschrieb den Resonanzraum der Walhalla so: »Im 19. Jahrhundert war die Nation ein Glaube, die Kunst gab ihr Ausdruck.« Das gilt für Deutschland wie für Griechenland.

Simonides baut an seiner Walhalla. Und Gefängnis hin oder her, er steht auf der richtigen Seite. Er macht sich mit den Bayern und Franzosen, mit den Briten in Athen nicht gemein. Als griechischer Handschriftenprinz vom Berg Athos arbeitet er an seiner Karriere. Die neugegründeten Athener Zeitschriften und Zeitungen brauchen solche publizistischen Figuren. Schnell hat sich die Presse zu einer gesellschaftlichen Macht entwickelt; griechische Journalisten kritisieren ihren bayerischen Regenten offen. Und Simonides holt weit aus. Er tritt auf mit einem Konvolut klassischer Pergamente, einer wahrhaft königlichen Sammlung griechischer Geistesgröße, einer Greatest-Hits-Sammlung. Homer ist dabei, Anakreon und Pythagoras, Sappho mit ihren Dichtungen, und Hesiod.

Das Königlich Griechische Ministerium des Kultus – da sitzen bayerische Beamte – reagiert mit doppelter Vorsicht. Weder wollen die Beamten diesen wahren Schatz vorüberziehen lassen, diese Parade der Giganten, noch einer Täuschung aufsitzen. Mehrere Kommissionen werden eingesetzt, mit den angesehensten Gelehrten. Die Herren sind überfordert: Niemand verfügt über die paläografischen Kenntnisse, um das Material zuverlässig zu beurteilen. Einige der Professoren kapitulieren und ziehen sich zurück, andere äußern Zweifel an der Echtheit der Antiken und weisen nach, dass die Manuskripte des Simonides in einigen Fällen exakt mit neuen, im Ausland erschienenen Ausgaben der Klassiker übereinstimmen. Unter dem Text des Hesiod entdeckt man Notenschrift, musikalische Zeichen, es handelt sich also um ein Palimpsest, um ein überschriebenes Pergament; aber was beweist das? Seit über zweitausend Jahren bediente man sich dieser Technik.

Der Coup gelingt. Der Name Simonides ist auf dem Markt. Und wie stets – *bad news is good news* – bewirken publizistische Attacken auch ihr Gegenteil: Man ergreift für den jungen Patrioten Partei. Mit seinen nur 24 Jahren könne er kaum solche Schriften gefälscht haben, wie sollte das auch möglich sein, bei der Menge der Manuskripte. Der Wunsch ist so stark, ihm zu glauben – an die nationale Sache. Die Zeitschriften *Äon*, *Elpis* (Hoffnung) und *Mnimosyni* (Göttin der Erinnerung, Mutter der neun Musen) schlagen sich auf Simonides' Seite.

Über Jahrhunderte war unter osmanischer Herrschaft die Verbindung zur Geschichte und der eigenen Kultur unterbrochen, jetzt ist die Materie wieder im Fluss, die Schleusen wurden jüngst geöffnet. Es sind altgriechische Stücke und Bruchstücke, die in eine neue griechische Gegenwart zurückströmen. Schriften, Abschriften. Der Homer, den Simonides vorlegt: wahrscheinlich kein Manuskript aus vorchristlicher Zeit. Etwas viel Späteres, und doch sehr Altes. Ebenso wenig wie seine Prüfer und Kritiker besitzt Simonides die Mittel, das wahre Alter seiner Artefakte zu bestimmen. »Es mangelte ihm wohl an höherer Bildung, aber nicht an dem Sinne für dieselbe«, schreibt Professor Alexander Lykurgos. Später wird er Simonides als Schwindler entlarven, wenn auch stets mit spürbarer Zuneigung. Schließlich hat er den hoffnungsvollen jungen Mann in altgriechischer Syntax unterrichtet und ihm das Handwerkszeug verschafft.

Überall in Europa wurde Philologie noch wie vornehme Kurpfuscherei betrieben. Texte lässt man zur Ader, man verpasst ihnen Injektionen, und Überständiges fällt der Amputation anheim. Robert Irwin schreibt in *Die Welt von Tausendundeiner Nacht* (2003): »Im 18. und 19. Jahrhundert stellten Homers Epen ein oder zwei Hauptkampffelder für Debatten über die Theorie und Ziele des Übersetzens dar. Ein anderes war die Bibel. Im 18. Jahrhundert galt es nicht als lächerlich, wenn ein Übersetzer für sich in Anspruch nahm, er habe den Text, nach dem er übersetzte, verbessert. Viele hielten genau das für die Aufgabe des Übersetzers. Es gab Engländer, die meinten, dass Popes oder Chapmans Homer-Übertragungen besser seien als das zwar interessante, aber doch letztlich barbarische Original. [...] Während der französischen Renaissance und noch bis ins Ancien Régime hatten humanistische Übersetzer von Werken der antiken Literatur – deren Produkte man als die ›schönen Ungetreuen‹ bezeichnete – gesagt, guter Geschmack müsse beim Übersetzen Vorrang vor strikter Akkuratesse haben.« Die europäische Editionsgeschichte der *Oriental Nights*, der *Les Mille et une nuit*, der *Geschichten aus Tausendundeiner Nacht* gleicht einem Schlachtfeld der Eitelkeiten und gut gemeinten Korrekturen.

Die hellenistische, die antike Geschichtenwelt wirkt da nicht weniger wild, exotisch und geheimnisvoll als die arabische Literatur. Ein Altneuland. Zumal erst nach der Staatsneugründung 1829/30 mit der so genannten Katharévousa (der *reinen Sprache)* eine künstliche Hochsprache eingeführt wurde – im scharfen Kontrast zur Volkssprache, der Dimotiki. Erst 1976, zwei Jahre nach dem Fall der Militärjunta, erhielt die längst mit vielen Elementen der Hochsprache vermischte Dimotiki endgültig den Rang der Amtssprache.

Eine neue Nation, ein neue Hauptstadt voller Baustellen mit ausländischen Bauherren, eine neue Zeit und neue Berufe: Entdecker, Bewahrer, Übersetzer, Herausgeber und Händler alter Schriften, die all den neuen Dingen ein geistiges Skelett geben. Konstantin Simonides lernt schnell. Und noch schneller setzt er das frisch erworbene Wissen um. Sein Erfindungsreichtum, seine Vorstellungskraft und seine Fähigkeit, das allzeit geneigte Publikum zu überraschen, lassen ihn als spätgeborenen Bruder der Scheherazade erscheinen. Während sie aber Nacht für Nacht Geschichten erzählt, um ihren Hals zu retten, manövriert sich Simonides mit seinen orientalisch-griechischen Historien Stück für Stück in Richtung Abgrund. Aber noch hat er alle Zeit. Noch liest er mit Alexander Lykurgos, der gelehrter, aber noch jünger ist als Simonides selbst, in den Reden des Demosthenes.

Und während sich die Professoren über die alten Manuskripte beugen, die dieser junge Mensch vom Heiligen Berg mitgebracht hat, zündet Simonides die erste dicke Bombe. 1848 erscheint in Athen, gedruckt bei Karampini, ein Buch, das die Welt noch nicht gesehen hat. *Symais. Die Geschichte der Schule des Apolloniados.* 180 fein gedruckte Seiten, gespickt mit Fußnoten und Anmerkungen, Faksimiles archaischer Inschriften. Die erschöpfende, überbordende Darstellung einer bislang unbekannten Gruppe von Philosophen, Mathematikern und Ingenieuren aus der Zeit des oströmischen Kaisers Theodosius II., der von 401 bis 450 nach Christus lebte und die Universität von Konstantinopel neu begründete. Die Symais passt in die Zeit: Sie sei eine der bedeutendsten Akademien gewesen, die je in diesem Teil der Welt existiert haben. Verfasser des exquisiten und seltsamerweise so lange verschollenen Werks ist ein Mönch namens Meletios von der Insel Chios aus dem 13. Jahrhundert. Wiederentdeckt und herausgegeben von Konstantin Simonides.

Symi also. Sein Geburtsort. Zu ihrer großen Zeit aber, schreibt Simonides im Vorwort, habe die Insel 9000 Einwohner gezählt, acht prachtvolle Tempel beziehungsweise Kirchen und sechs bedeutende Häfen. Ein wissenschaftliches Zentrum ohnegleichen. Auf das Konto eines gewissen Sebastus von Symi, so lesen wir, geht nicht nur die Erfindung des Papiers und des Teleskops. Der Mann entwickelte auch ein optisches Instrument, mit dem der Meeresboden erforscht werden konnte, und ein mit Dampf und Quecksilber betriebenes Schnellboot – und Feuerkanonen für die Kriegsflotte. Ein anderer Meister dieser Schule, Peristratos von Rhodos, schuf die Typographie, eine frühe Form des Buchdrucks. Seinem Kollegen Anastasios von Milet verdanken wir die Taucherglocke und furchterregende Waffen, die den Feind mit heißer Luft vernichten. Der Mechaniker Eudupos ließ sich ein Kriegsschiff einfallen, das aus kranzförmigen Rohren ohne Unterlass Kugelblitze schleudert und sich so schnell fortbewegt, dass es nicht verfolgt werden kann: Vorläufer des berühmten »griechischen Feuers«, einer Brandwaffe aus Harz, Kalk und Schwefel, das tatsächlich ab dem 8. Jahrhundert bei den Byzantinern zum Einsatz kommt gegen die Araber.

Man fühlt sich an Leonardo da Vincis Katapulte, Kanonen und Belagerungsmaschinen erinnert. Und die Romantik des griechischen Freiheitskampfes klingt in den Wunderwaffen und -werken der *Symais* an. Und noch etwas: Simonides wendet gewaltige Energie auf, um gleichzeitig seinen persönlichen Hintergrund und die griechische Geistesgeschichte aufzuhellen, je nach Bedarf. Soeben erst ist das Land aus einer lange Jahrhunderte währenden Dunkelphase herausgetreten.

Diese genialen Symioten waren offenbar aber nicht nur visionäre Waffenschmiede. Sie trieben auch die friedlich-poetische

Kunst der Hagiographie zu ungeahnter Blüte. Neben dem neuen christlichen Glauben hielten sie zudem alte Rituale aufrecht: Enten- und Taubenopfer am Strand, woran sich aufwändig choreographierte Sexorgien anschlossen. Dem Inselheiligen Nikophoros schnitzten sie eine Statue aus Eichenholz, die auf dem Leichnam eines Satyrs steht, eine Kirche in den Händen hält und von Drachen und Musen umkreist wird. Von der Akademie von Symi sind, so lehrt diese flammende Schrift, viele bedeutende Männer, Ingenieure, Künstler, Handwerker, überall in die byzantinisch-griechische Welt ausgegangen. Wenn Athos der Heimathafen der Simonides-Unternehmungen war, so war die *Symais* das Flaggschiff. Als erste Zweifel an der Echtheit der *Symais* auftauchen, kontert Simonides wie ein beschlagener Altertumsforscher, der seine Heiligtümer beschützt: Wer würde es wagen, einen Homer der Lüge zu bezichtigen! Wo käme man hin, würde man den großen Autoren der Antike das Vertrauen entziehen! Ebenso gut könne man ja die Akropolis niederreißen! Alle Kreter lügen, sagte der Mann aus Kreta …

Gierig nach akademischer Anerkennung, widmet Simonides die *Symais* dem berühmten Gelehrten Andreas Mustoksidis. Der antwortet ihm in einem Brief, veröffentlicht in der Zeitschrift *Pandora* – und haut ihm das Buch um die Ohren. Jener Miletios, der angebliche Verfasser der *Symais*, sei eindeutig ein Mann der Gegenwart, und um der Ehre des griechischen Volkes willen solle man das Werk schnell vergessen. Mustoksidis zeigt sich aber auch angetan von Simonides' Talent. »Sollten die anderen Manuskripte, die sich in Ihrem Besitz befinden, echt sein, so sollten Sie diese umgehend veröffentlichen.« Im Übrigen »können Ihnen Ihre Fähigkeiten und Kenntnisse einen besseren Weg weisen«. Auch der von Simonides früher schon düpierte Rangabe meldet sich in derselben Ausgabe der *Pandora* zu Wort. Die *Symais* sei eine unverschämte Fälschung, auf die kein Grieche, aber leider die Professoren in England hereinfallen mögen.

1892 erscheint bei MacMillan in London und New York die *Neohellenica*, eine Einführung in die moderne griechische Sprache in Dialogform; eine Fundgrube für Philhellenen bis heute. Ihr Verfasser Michael Constantinides lässt zwei Gentlemen auf einem Schiff über griechische Geschichte und Anekdoten plaudern, *learning by travelling*, und als die Insel Corfu am Horizont erscheint, kommt die Rede auf Simonides und seine phantastischen Fälschungen. Alexander Lykurgos zitiert den seltsamen Freund Simonides mit den Worten, er habe die *Symais* ediert, um seinen Landsleuten eine Freude zu machen. Simonides arbeitet allein, er hat keine Komplizen. Doch viele Landsleute pflichten ihm in gewisser Weise bei, sie unterstellen ihm edle Motive. Er trifft mit seinen Erfindungen einen nationalen Nerv.

Schon 1850 legt er nach, mit einer Beschreibung der ionischen Insel Kefalonia. Ithaka, die Heimat des Odysseus, des größten Aufschneiders der Antike, ist nur zwei Seemeilen entfernt. In venezianischer Zeit galt die Insel als sicherer Hafen für Buchdrucker, weil hier die Zensur viel weniger restriktiv war als in der Serenissima. Lord Byron schrieb sein letztes großes Epos, den *Don Juan*, auf Kefalonia: eine romantisch-moderne Ilias/Odyssee. Kefalonia, ein idealer Ort für Simonides, ein multikultureller Hafen. Im 4. oder 5. Jahrhundert nach Christus soll Eulyrus, ein Sohn des Eilands, das Buch verfasst haben, das Simonides nun so plötzlich wieder ausgegraben hat. Eulyrus, so erfahren wir, gehörte zudem zu den herausragenden Absolventen der Akademie von Symi.

Der Inhalt der *Kefalonia* ist nicht neu. Nichts Spektakuläres. Nach den Exzessen der *Symais* – eines Edgar Allan Poe nicht unwürdig – nimmt Simonides einen anderen Weg. Aufs Kleinlichste verzeichnet sein Eulyrus Entfernungen, Höhenangaben und andere Messdaten der als Schauplatz geistiger Heldentaten doch eher unergiebigen Insel, die erst 1864 zum griechischen Staatsgebiet kam. An einer Stelle bricht aber der erfinderische Furor durch. Da geht es um die Herkunft der (fiktiven) Stadt Pikrogamia, wörtlich: bittere Ehe. Ein Bürger namens Chryssippos hatte dort Pech mit seinen Frauen. Viermal schon sind sie ihm glatt nach der Hochzeitsnacht gestorben, weshalb man ihn tautologisch als »Priapos der Schamgegend« verspottete. Mit Tilevoida, seiner fünften Gattin, geht zunächst alles gut. Bis sie sich in Eurymedon, den besten Freund ihres Mannes, verliebt. Chryssippos tötet Eurymedon, als er die beiden erwischt, er foltert die Frau und tötet auch sie. Später überwältigten ihn Schmerz und Reue, und er taufte seine Stadt um: Pikrogamia. Außerdem führte er ein nicht näher beschriebenes jährliches Ritual ein, das an Tilevoida erinnern sollte.

Das klingt stark nach den traumatischen Riten der *Symais*. Simonides, in seiner Kindheit Opfer fortgesetzter Vergewaltigung, erwähnt Sexualität, wenn überhaupt, nur im Zusammenspiel mit dem Tod oder archaisch-absurden quasireligiösen Verrichtungen. Auch in der *Kefalonia*, der sonst so trocken-seriösen Beschreibung einer Insel der Antike, finden sich wieder grausame Tieropfer. Bevorzugt werden Vögel zu höheren Zielen geschlachtet. Rein phonetisch erinnern die Ortsnamen des Eulyros, wenn schon an nichts sonst, an Vogelschreie: Toksodamnia, Omvrimothyma, Barymachia, Selasfora.

Die Edition des Bändchens wird ein Flop. Es sollte eine Art Pilotbuch sein, da er noch sehr viel mehr Eulyros-Material besitze. Zu wenige lassen sich auf die Subskription ein, und die weiteren Bände der groß angekündigten Eulyros-Ausgabe kommen nicht zustande. Seine Gegner, die an eigenen Publikationen zur griechischen Geschichte arbeiten, glauben leicht beweisen zu können, dass es sich um eine Kompilation aus den Schriften von Strabo, Stephanus von Byzanz, Eusthatius und anderen antiken Geographen handele. Im Übrigen sei es eine zusammengeklaubte Kunstsprache aus Versatzstücken des Altgriechischen, aus Inseldialekten, reiner Phantasie und modernen Wortprägungen. So ähnlich schuf in den 1920ern der Dadaist Kurt Schwitters seine »Sonate in Urlauten«: ein akustisches Manifest der Moderne, gegründet auf kindlich-archaische Spiellust, auf die Furcht vor einer durch und durch logischen Welt.

In der Zeitschrift *Nea Hellas* (»neues Griechenland«) kommt ein Professor Kumanudes nach eingehender Stilanalyse zu dem Schluss: Eulyros sei ein Schwindel, es habe ihn nie gegeben, das Ganze sei ein ausgemachter Unsinn. Doch er konzediert mildernde Umstände für den Fälscher, der von einem großgriechischen Reich träume: Simonides habe wohl den Kefaloniern, die mit den Engländern in Konflikt standen und sich verfolgt fühlten, Ehre erweisen wollen. Man kommt immer wieder an diesen neuralgischen Punkt: Mit seinen Fähigkeiten hätte Simonides als seriöser Wissenschaftler auch in der nationalen Sache reüssieren können. In gewisser Weise hat er dem jungen Griechenland gegeben, wonach es dürstete: eine zugleich antike und moderne Identität. Aus einem ähnlichen Impetus schafft zur gleichen Zeit Richard Wagner im »Ring des Nibelungen« für die Deutschen einen synthetisch-mythologischen Götterkosmos. Eine seltsame Koinzidenz: Wie Griechenland mit seinem bayerischen König ist auch Deutschland eine späte Nation. Dafür braucht es zurückeilende Erfindung und Phantasie.

Er macht sich aber auch mit seiner überbordenden Produktivität selbst ständig Konkurrenz. Im selben Jahr 1850 legt er dem Altertumsforscher Oikonomos in Athen – der Mann genoss als Herausgeber der *Septuaginta*, des Alten Testaments in griechischer Sprache, hohes Ansehen – einige »sehr gute Pergamentrollen vom Berg Athos« vor, wie er meint. Hier betritt Simonides fruchtbares Gebiet, hier öffnet sich ein endloser Raum für Nachträge, Erfindungen, Theorien und Notizen, zu allen Zeiten. Die Entstehung der Septuaginta im zweiten Jahrhundert vor Christus in der berühmten Bibliothek von Alexandria wird belegt durch den Brief des Aristeas. Anthony Grafton *(Fälscher und Kritiker)* hält diesen Aristeasbrief allerdings »ganz sicher« für eine Fälschung, trotz oder wegen seines selbstbewussten Tons und seiner »ausgereiften Technik«. In dem Brief wird die Entstehung des gewaltigen Übersetzungswerks beschrieben. 72 jüdische Gelehrte gingen 72 Tage lang in Klausur und übertrugen das Alte Testament ins Griechische. Später wird abgerundet, auf 70. Septuaginta. Der sogenannte Aristeasbrief kommt in vielfacher Ausfertigung auf die Nachwelt. Aber die Existenz zahlreicher Abschriften beweist noch nicht, dass es einmal ein unbestreitbares Original gegeben hat. Vielmehr dokumentieren die Kopien den dringenden Wunsch, dass es so gewesen sei, dass es einen Anfang gibt. Aber, fragt Christian Meier, »wo fängt überhaupt etwas an? Nichts ist ohne Vorbereitungen, Vorläufer, Vorauszusetzendes. Nie gibt es eine Stunde Null. Überall trifft man, je mehr man schürft, unter vermeintlichen Anfängen tiefere Anfangsgründe, die ihrerseits vor dem forschenden Blick leicht immer wieder und weiter ins Bodenlose zurückzuweichen scheinen.«

Der Geschichte einen Boden einziehen. Darum geht es Gelehrten wie Oikonomos in Athen, als sich endlich eine eigene griechische Altertumswissenschaft zu entwickeln beginnt. Er ist nicht amüsiert. Auf den Pergamenten des begabten jungen Mannes findet sich ein Zwischentitel, den Oikonomos selbst in seiner kurz zuvor, nämlich 1849 erschienenen Edition, verwendet hat, und nur er. In Leipzig wird ein Gelehrter einige Jahre später in Jubel ausbrechen über die Aristeas-Handschrift und damit große Editionsideen verfolgen. Die Geschichte wird sich wiederholen, im Norden bekommt Simonides eine neue Chance.

Simonides plant seine Abreise aus Athen. Er fühlt sich verfolgt, beengt, nicht gebührend gewürdigt. Er wohnt in einem Haus, das der Familie seines Schwagers gehört, des Ehemanns seiner drei Jahre jüngeren Schwester Anna. Sie lebt auf Poros und Hydra, sie ist die Einzige aus der Familie, die den Kontakt mit Konstantin aufrechterhält; sie unterstützt ihn, auch finanziell. In einem Brief vom Herbst 1850 schreibt Konstantin Anna von einem Mordanschlag: »Sie werden es erreichen, dass ich gehe. Letzte Nacht verfolgte mich ein bayerischer Offizier und bedrohte mich mit seinem Dolche, als ich ihn zur Rede stellen wollte. Da stach er auf mich ein, und ich entkam im Dunkeln. Von solchen Übergriffen hört man hier alle Tage. Bleib also sicher, wo Du bist, ich habe Pläne, die ich später erst erläutern kann. Konstantin.« Wahrscheinlich hat er die Attacke erfunden, hat einen Vorfall dramatisiert. Aber es kommt damals häufig zu gewaltsamen Szenen zwischen den Griechen und ihren Besatzern. Simonides, der eine wahre Künstlernatur besitzt, bezieht alles auf sich, alles Unrecht, Verfolgung, Zurücksetzung und Verleumdung – was ihm nur je widerfahren könnte.

AUSGRABUNGEN UND ENTDECKUNGEN

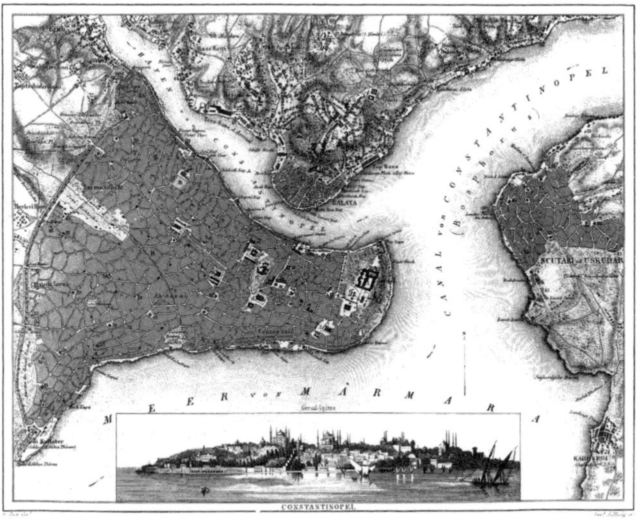

In Konstantinopel foppt der Fälscher weltliche und geistliche Herrscher. In Paris trifft er den Mann, der die Venus von Milo fand, und begeht einen Fehler. Simonides zieht nach Norden.

Kritik bedeutet für mich Verwandlung: Ich versuche, mich in die Person, die ich beschreibe, aufzulösen. Ich passe mich ihr an, sogar im Stil, ich bediene mich ihrer Ausdrucksweise und verinnerliche sie.

CHARLES AUGUSTIN SAINTE-BEUVE

DIE NÄCHSTEN zehn Jahre reist Simonides durch Europa, und er erlebt dabei eine umgekehrte Odyssee. Anders als der Held von Troja, der listenreiche, muss der Papierkrieger nicht den Versuchungen fremder Städte und Länder standhalten. Er selbst ist es, der lockt, der einlullt, mit dem süßen Sirenengesang kostbarer Manuskripte, die er im Gepäck hat. Doch wie Odysseus wiederum scheint er keinen bestimmten Plan zu verfolgen, er lässt sich treiben, bewirten und hofieren – der griechische Gast, der Heimatlose.

Die große Tour beginnt in Konstantinopel, nicht sehr weit vom damals allerdings noch nicht entdeckten, unter Erdmassen schlummernden Troja. Ende 1850, als Simonides am Bosporus eintrifft, macht Heinrich Schliemann noch dubiose Geschäfte in den USA und in Russland. Simonides kommt im Gefolge von General Metaxas, dem Repräsentanten der griechischen Krone bei der Hohen Pforte. Bald zählt er den sardischen Botschafter und Altertumsliebhaber, Baron Tecco, zu seinen Freunden und Förderern. Der Baron lädt ihn ein, in seinem Palast zu wohnen. Seiner Schwester Anna schreibt Simonides, er fühle sich frei und bereit zu großen Taten.

Von nun an lassen sich seine Bewegungen exakter verfolgen, er hinterlässt Spuren, seine Aktivitäten nehmen zu. Aber auch seine Tollkühnheit. Man holt ihn zum Gelände des antiken Hippodroms, er soll dort Inschriften auf dem Obelisk des Theodosius entziffern. Die Säule stammt aus der Zeit des Pharao Thutmosis III., sie kam 390 nach Christus nach Konstantinopel. Die römischen Herrscher hatten sich anlässlich eines Thronjubiläums die damals schon an die zweitausend Jahre alten ägyptischen Spitzenerzeugnisse gegönnt.

Ägyptische Hieroglyphen gehören zu jener Zeit zwar noch nicht zu Simonides' Repertoire. Aber er lässt sich nicht bitten und legt eine leider nicht überlieferte Transkription vor. Niemand schöpft Verdacht. Erst 1853 – Simonides ist längst auf und davon – veröffentlicht Andreas D. Mordtmann, ein deutscher Orientalist und Repräsentant der Hansestädte bei der Hohen Pforte, in Deutschland einige entlarvende Artikel über Simonides in der *Augsburger Allgemeinen Zeitung*, der FAZ der damaligen Zeit.

Man kann es sich ja denken: Die Hieroglyphen künden von den militärischen Glanztaten des Thutmosis in Babylonien, wie die Welt später erfuhr. Und da sie offensichtlich unvollständig sind, fehlt der untere Teil des Obelisken, rund zehn der ursprünglich dreißig Meter. Über den originalen Standort gehen auch heute die Meinungen auseinander: entweder Karnak oder Heliopolis.

Simonides erklärt das Hippodrom zum Ausgrabungsgelände. Den Türken, die erst 1874 den ersten maschinellen Druck ihres heiligen Buchs gestatten, verspricht er »koranische Funde«, den griechisch-orthodoxen Würdenträgern stellt er die Entdeckung bedeutender »kanonischer Dokumente« in Aussicht. Auch die armenische Gemeinde geht er um Geld an und fabuliert von möglichen Entdeckungen, die alte Rechtsansprüche der Armenier festigen könnten. Ein Hochstapler nach allen Seiten, so eloquent wie angstfrei. Er hat exquisite Kulturgüter im Angebot, sie stürzen die Europäer am Bosporus ein ums andere Mal in große Verlegenheit: eine »Poetik« des Aristoteles zum Beispiel, in karischer Schrift. Die Karer lebten, so weit nachweisbar, zwischen 750 und 250 vor Christus an der kleinasiatischen Küste. Ihre Sprache wird erst Ende des 20. Jahrhunderts entziffert. Oder er kündigt eine Ausgabe des »Sanchoniathon« an, nimmt davon aber sogleich wieder Abstand. Dieser Name ist schon verbrannt. 1836 brachte in Hannover Friedrich Wagenfeld *Die Urgeschichte der Phönizier* des Sanchoniathon heraus, nach »Philos griechischer Übersetzung«. Wagenfeld will das antike Werk in einem portugiesischen Kloster entdeckt haben. Zwei Jahre lang hält er damit die Welt der deutschen Altertumsforscher zum Narren. Wagenfeld, als Schwindler gebrandmarkt, endet als Trinker. Er stirbt mit 36 Jahren. Kurz vor seinem Tod veröffentlicht er noch einen Band mit »Bremer Volkssagen«; die Hälfte davon frei erfunden.

Konstantinopel, die Stadt des Konstantin. Er gräbt, er hält Vorträge zur Geschichte der Antike; den türkischen Beamten und den europäischen Emissären vermittelt er das Gefühl, ganz neue Verfahrensweisen kennenzulernen und den Zauber versunkener Epochen zu gewärtigen. Ausgraben, das war damals nichts anderes als den Boden umgraben, und zerstören.

»Als sich einmal der anwesende (Minister) Ibrahim Pascha zum Essen begab, legte Simonides eine Flasche mit einem beschriebenen Pergamentstück in die Ausgrabung, die alsbald gefunden wurde. Obwohl der Schwindel aufflog, konnte er dennoch ohne Strafe die Stadt verlassen«, schreibt Christian Gastgeber im Katalog zur Ausstellung »Kopie und Fälschung« der Österreichischen Nationalbibliothek, Wien 2001. Allerdings kursieren über Konstantins Offenbarung in Konstantinopel unterschiedliche Berichte. Die Heilige Synode der orthodoxen Kirche ist sich nicht zu fein, den frömmlerischen Entdecker zu empfangen. Drei Dutzend alter Männer in byzantinischen Kostümen, auf geschnitzten Thronen, wie riesige Puppen an goldenen Fäden: was für ein Publikum! Simonides spricht ihnen salbungsvoll von Briefen der Apostel, die er in einer Höhle außerhalb der

Stadt mit großer Sicherheit vermute. Hinweise auf das Versteck habe er auf dem Berg Athos gefunden. Was Simonides nicht ahnen kann: Unter einem dieser mächtigen Kirchenhüte steckt das graue Haupt des Metropoliten von Serres in Nordost-Makedonien. Dieser Ioannis, der spätere Patriarch von Alexandria, glaubt dem Landsmann kein Wort. Metropolit Ioannis hält sich häufig auf dem Athos auf: Er müsse es schließlich wissen, von einem Dahergelaufenen lasse er sich nicht an der Nase herumführen. Den Türken ist dieser misslungene Auftritt gleich. Sie interessieren sich nicht für christliche Altertümer. Simonides hat es immer verstanden, Angehörige verschiedener Nationen, Religionen und Kulturen gegeneinander auszuspielen.

Wie in Athen, so bildet sich auch in Konstantinopel erst allmählich ein Bewusstsein für die Schätze der Vergangenheit. Das Antikenmuseum von Konstantinopel geht auf das Jahr 1846 zurück, als in der Irenenkirche im Serail ein erstes Depot angelegt wird. Aus dem Bericht des osmanischen Reichshistorikers Ahmed Lütfi, der zwanzig Jahre später datiert, kann man das Elend der wenigen Altertumspfleger erkennen – und das Eldorado der Diebe: »Ausländer reisen zu den Altertümern, die in Istanbul und den wohlbehüteten Ländern des Großherrn teilweise an der Oberfläche liegen. Sie holen sie vor aller Augen heraus und schmuggeln sie in ihre Länder. Dabei liegt es auf der Hand, dass diese Antiken einen außerordentlichen historischen und künstlerischen Wert darstellen und sie ihre Museen damit füllen und schmücken. Weil (hierzulande) die Kenntnisse fehlen, gibt es bei uns keinerlei Bewegung und Initiative, um der Antiken habhaft zu werden. Es ist offensichtlich, dass diejenigen, die uns verbleiben, bereits zerstört und zerbrochen sind.«

Aber nicht nur die Fremden wüten an den alten Stätten. Ebenso groß ist der Schaden, den die eigene Bevölkerung ahnungslos verursacht: »Bis vor kurzem waren noch in einigen Gegenden Anatoliens die Ruinen von Theatern aus dem Altertum zu sehen sowie die zerbrochenen Bilder verschiedener Tiere wie von Löwen oder Panthern, die aus einem einzigen Marmor- oder Porphyrblock gemeißelt und bearbeitet waren und die jetzt als Brunnenmünder verwendet werden oder in Mauerecken eingebaut sind oder einfach herumliegen. Dinge, welche Bildhauer zum Staunen bringen, wurden wie ganz gewöhnliche Steinbrocken benutzt.«

Ein Befund, der mit Sicherheit auf den gesamten Mittelmeerraum zutrifft. Er erklärt auch die Hochachtung, die einem Simonides entgegengebracht wird. Er mag ein Schwindler sein, aber er weckt Aufmerksamkeit für die Altertümer. Und er ist kein Dieb, er schafft nichts weg, vielmehr schafft er herbei: Altes, oder was alt aussieht. Vielleicht weiß er es nicht besser. In einer Welt, die sich um Altertümer so wenig bekümmert, ist der Tatbestand der Fälschung weithin unbekannt und wirkungslos.

Simonides bleibt ein knappes Jahr am Bosporus. Er weiß, wann es Zeit ist zu gehen. Seine Odyssee zwingt ihn zu abrupten Ortswechseln. Aber es ist keineswegs so, dass er alle Brücken abbrechen muss. Immer gibt es nachsichtige Gönner und Menschen, die an ihn glauben, der Ruf, der ihm vorauseilt, ist nicht eindeutig. In Konstantinopel hat er Aufsehen erregt und Verwirrung gestiftet, doch niemand ist geschädigt. Etwas beginnt, etwas wird ihn auf dem Weg nach Europa begleiten, auf die großen Boulevards: Dieser Grieche hat Charakter und hohen Unterhaltungswert. Ein seltenes Exemplar: ein gebildeter Exot.

Er nimmt ein Schiff nach Norden, er will sich einige Zeit auf dem Athos sammeln und sein Portfolio auffrischen. Seine Athos-Abstecher geben zu allerlei Spekulationen Anlass. In Athen heißt es, Simonides sei der Kopf einer Fälscherbande, die auf dem Heiligen Berg ihre Werkstätten unterhalte, wo sie vor Verfolgung sicher sei. Sicher ist nur: Simonides hat nie 5000 antike Manuskripte in seinem Besitz gehabt. So viele nicht. Um diese herzustellen, und sei es in größter Eile und mit dem schlimmsten

Pfusch, hätte sein gesamtes Leben nicht ausgereicht. Es können zwei-, dreitausend gewesen sein, die er in seinem unstillbaren Produktionsdrang bearbeitete: ein singuläres Lebenswerk jedenfalls. Die Zahl 5000 drückt den Respekt aus, den er genoss, als Wissenschaftler und als Schurke.

Im *Geschichts- und Geographie-Lexikon*, gedruckt 1889 in Konstantinopel, findet sich ein ausführlicher Eintrag über Simonides, Constantine, den »sehr bekannten und berüchtigten Fälscher«. Schon in der Schule habe er sich »skandalös benommen« und »nach dem Zeichnen und der Malerei geeifert«. Am Bosporus habe er sich die Unterstützung »vieler Minister und Botschafter« erschlichen und »die Presse zu spalten« gewusst. Seine Ernährung sei schlicht, seine Erscheinung »ungepflegt« gewesen.

Seiner Schwester schreibt er, man habe ihn mit einer diplomatischen Mission betraut, die ihn nach England, zuvor aber nach Paris führen soll. Weiteres könne er ihr jetzt nicht mitteilen, sie soll sich beruhigen und anderslautenden Berichten keinen Glauben schenken, es gehe ihm gut, und er komme voran.

Er macht sich auf dem Athos sogleich ans Werk: an die Publikation einer biographischen Schrift über Kaiser Konstantin. »Verfasst von seinem großen Logothetes Constantin Akropolitis, getreu von Manuskripten von Constantin Simonides abgeschrieben und herausgegeben.« An drei Orten des Athos hat er nahezu gleichlautende Manuskripte dieses Werks entdeckt, in den Klöstern Simonos Petras, Dionysiou und im Athos-Hauptort Karyes. Die Verfasser, Geistliche des 16. Jahrhunderts, werden mit Panaretus, Antonius und Kyrillus angegeben.

Und dann ist da noch dieser Zusatz: »Die Erzählung geht um das Leben Constantins des Großen. Der Herausgeber (der zufällig denselben Vornamen hat) beginnt mit der Geburt und endet mit dem Tod dieses Kaisers. Gez. C. S.).«

Bald darauf gerät Simonides, der zu Schiff auf dem Weg nach Europa ist, in Gefangenschaft. Der berühmte Räuber Kadarziahni fischt ihn ab, bei ihm muss er vierzig Tage bleiben. Es ist Simonides, der von diesem sogar für seine Verhältnisse außergewöhnlichen Abenteuer berichtet. Der Ausgang freilich verrät eine gewisse Routine des Erzählers: Der Pirat entpuppt sich als Kenner und Liebhaber der Archäologie. Er schenkt seinem Gefangenen kostbare Vasen und verabschiedet ihn unter Tränen, wann kidnappt man schon ein so gebildetes und eloquentes Opfer? Kadarziahni lässt Simonides nach Smyrna bringen, einige seiner besten Leute geleiten den neuen Freund. Die Räuberpistole enthält eine kleine Lehre. Simonides schwindelt, übertreibt, schmückt aus und phantasiert inzwischen ohne begreiflichen Grund. Die große Erzählung ist seine zweite, seine erste Natur geworden. Nicht dass er sich unbedingt zum Mittelpunkt machen müsste. Er dreht es so, dass der Glorienschein der Geschichte auf ihn fällt; und dass er zugegen ist, wenn Geschichte sich ereignet.

Paris, endlich. Mit den führenden französischen Graecisten hat er korrespondiert, Pierron, Dübner, Boissonade, Dehèque, nun will er sich mit ihnen über seinen Manuskriptschatz austauschen und das eine oder andere Stück an den Mann bringen. Aber er macht eine neue Erfahrung. Die Türen öffnen sich nicht. Er wird nicht empfangen.

> Verehrter Herr, der Überbringer dieses Schreibens, Monsieur Simonides, ein Grieche von großen Verdiensten, wünscht zu Studienzwecken die Bibliotheque Impériale aufzusuchen. Er spricht nicht sehr gut Französisch, und ich bitte Sie daher, ihn bei seiner Arbeit nach Möglichkeit zu unterstützen. Ich hatte das Vergnügen und die Ehre, Monsieur Simonides und seine wertvollen Arbeiten kennenzulernen. Seien Sie meiner vorzüglichen Hochachtung versichert,
> St. Beuve.

Ein dummer kleiner Fehler. Die Empfehlungsschreiben des mächtigen Kritikers Charles Augustin Sainte-Beuve, die Simonides vorlegt, verfangen zu seiner Überraschung nicht. Der Grieche, so skrupellos er ist, hat sich vertan. Sainte-Beuve, und nicht *St. Beuve*.

Simonides spricht kein Französisch, so viel allerdings ist richtig. Wie er die gesalbten Briefe aufgesetzt hat, unter die er dann, nach all der Mühe, die falsche Unterschrift setzte, bleibt ein Geheimnis. Er trifft mit einem Monsieur Ernest Beulé zusammen, einem jungen Geisteswissenschaftler, den er sogleich zu einem führenden Beamten im Bildungsministerium befördert. Und dann schafft er es doch noch in das Haus eines berühmten Mannes. Der Comte de Marcellus lässt ihn vor. Der Botschafter a.D. geht auf die Sechzig zu, Griechenlands Kultur ist sein Lebensinhalt. Zu der Zeit beschäftigt er sich mit dem Werk des antiken griechischen Dichters Nonnus aus dem fünften Jahrhundert, der in Ägypten lebte. Eines seiner bekanntesten Werke ist eine Paraphrase des Johannes-Evangeliums. Marcellus fragt Simonides, ob er ihm mit bibliographischen Angaben zu Nonnus weiterhelfen könne: Zwei Wochen später präsentiert der Grieche eine Nonnus-Biographie aus einer verloren geglaubten Kompilation eines gewissen Demetrius Magnes. Wieder eine Panne. Demetrius Magnes hat 600 Jahre vor Nonnus gelebt.

Marcellus lässt sich nicht blenden. Er revanchiert sich für den Nonnus-Nonsense auf seine Art. Er erzählt seinem Besucher von einer phantastischen Entdeckung, die über dreißig Jahre zurückliegt. Da fühlt er sich jung. Und am Ende als strahlender Held.

1820, in dem Jahr, in dem Konstantin Simonides geboren wurde (wenn es nicht doch 1824 war, es gibt keine letztgültigen Quellen), treibt sich ein junger Franzose namens Olivier Voutier bei Ausgrabungsarbeiten auf der Insel Melos herum. Man ging willkürlich vor, das Graben war die neue Mode, man fand immer etwas. An jenem Frühlingstag müssen die Arbeiter stumme

Rufe aus der Erde vernommen haben, sie konnten keine Ahnung haben, worauf ihre Schippen und Hacken da trafen. Was ein historischer Moment ist, entscheidet sich selten in demselben Augenblick: Hier kommt ein weiblicher Oberkörper zum Vorschein, dort der Unterleib und die Beine, aber die beiden Teile passen nicht aufeinander, es fehlt ein Stück aus der Mitte des Torsos, das nun aber auch nicht mehr lange auf sich warten lässt, als die Franzosen noch ein paar Münzen lockermachen. Auch ein vom türkischen Festland angereister Grieche interessiert sich auffällig für den Fund. Die Türken werden misstrauisch. Der griechische Bauer, dessen Acker so fruchtbar ist und voll von Marmorwundern, erhöht den Preis. Sein Name ist mit Yorgos überliefert, er verlangt jetzt vierhundert Piaster, das Äquivalent eines starken, gesunden Esels. Es beginnt ein wochenlanges Gezerre und Gefeilsche. Schließlich lassen die in türkischen Diensten stehenden Inselverwalter die begehrten Fragmente auf ein russisches Schiff bringen, das nach Konstantinopel auslaufen soll.

Aber es herrscht Windstille. Der Comte de Marcellus, damals Sekretär des französischen Gesandten bei der Hohen Pforte und aus Konstantinopel herbeigeeilt, nachdem er Skizzen von der sagenhaften Statue gesehen hat, handelt den Türken die antike Frauenfigur ab. Er hat einen Blick dafür. 1000 Francs sollen den Ausschlag gegeben haben, nicht wenig Geld. Über Konstantinopel gelangt sie nach Paris, in den Louvre, wo sie heute noch steht, wie vom Himmel gefallen. Die Venus von Milo.

Voutier, Marcellus, der Bauer Yorgos, der kunstinteressierte Grieche – die Venus von Milo hat viele Entdecker. Jeder will der Erste gewesen sein. Der französische Marineoffizier d'Urville, auch er ein Augenzeuge des Geschehens, setzt alles daran, als der wahre und einzige Retter der Göttin in die Geschichte einzugehen, und schreckt dabei nicht vor Lügen und Verleumdungen zurück. Aber auch über Marcellus existiert eine aparte Parallelerzählung, die Gregory Curtis in seiner Monografie *Disarmed – The Story of the Venus de Milo* erwähnt. In Wahrheit sei der Graf nicht der Statue wegen auf die unwirtliche Insel gekommen. Vielmehr habe er sich in Konstantinopel in ein Gemälde verliebt, das ein Mädchen von Melos portraitiert. Sie hieß Maritsa, und er hat sie wohl tatsächlich angetroffen. Auf Melos, heißt es, habe es ausnehmend schöne junge Frauen gegeben, die man sich für Geld holen konnte – als Braut, oder auch nur für ein paar Stunden. Was mit Marcellus und Maritsa war, ist nicht überliefert. Tatsächlich hat der Graf, wie der antike Bildhauer Pygmalion, eine Schönheit aus Marmor nach Hause gebracht.

Simonides hört sich die Geschichte von Melos mit mäßiger Begeisterung an. Wie oft mag dieser Marcellus sie wohl schon erzählt haben! Aber der französische Griechenfreund lässt nicht locker. Im selben Jahr, so setzt er seine Erzählung fort, sei er in einer Villa am Bosporus mit Auslandsgriechen im Geheimen zusammengetroffen. Manos, der Gastgeber, schickt die türkischen Bediensteten weg; es sei sonst zu gefährlich. An eine Theateraufführung ist nicht zu denken, aber es kommt an diesem Abend zu einer Lesung der *Perser* des Aischylos. Des ältesten überlieferten Dramas der Antike. Ein revolutionäres Stück: Es schildert den Krieg aus der Sicht der Besiegten, die ihre Opfer beklagen, ohne das Unglück fassen zu können. An jenem Abend in der Hauptstadt des Osmanischen Reiches aber, im Jahre 1820, so redet sich Marcellus in Stimmung, habe der Aufstand in der Luft gelegen. Der dann kurz darauf tatsächlich ausbrach, in Griechenland. Wer die Weltmacht der Perser in derart eklatanter Unterzahl besiegt hat, das habe da jeder plötzlich gespürt, könne auch die Hegemonie der Türken brechen. Der griechische Freiheitsheld und Gelehrte Konstatinos Oikonomos habe den innerlich so animierenden und befreienden Abend angeregt, erinnert sich Marcellus – jener Oikonomos, der Simonides in Athen so zugesetzt hat. Der Mann, den einige Quellen als den unbekannten Griechen identifizieren, der wie Franzosen und Türken bei der zweiten Geburt der Venus von Milo zugegen war.

Paris, ein Fehlschlag. Der Comte de Marcellus wird nachher eine selten harte und präzise Charaktereinschätzung seines griechischen Gastes geben: Simonides sei über jede Grenze hinaus von alten Manuskripten und Pergamenten besessen. Der Grieche sei ein absolut unergründlicher Charakter. Ein Monomane, sagt der Comte de Marcellus, ein Mythomane und Megalomane. Drei große und schwere griechische Lehnwörter. Und der französische Philhellene fügt hinzu: »Seine bizarren Fälschungen sind harmlos, wenn nicht sogar unschuldig.«

Mitleid mit Simonides. Schlimmer als Schimpf und Schande, Gefängnis und Laufpässe. Das wird ihm nie wieder passieren. Paris war nicht reif für einen Fälscher seiner Klasse. Erst zehn Jahre später, und bis weit bis in die sechziger und siebziger Jahre des 19. Jahrhunderts, wird sich die französische Hauptstadt mit den gesammelten faulen Werken des Vrain Lucas zu befassen haben. Er war der »Prince of Forgers«, wie Joseph Rosenblum seine Dokumentation des Lucas-Prozesses nennt. Der Prinz, dreister als all seine Kollegen, aber handwerklich ein Witz. Konstantin Simonides wird sich den Titel des Königs der Fälscher erobern.

Mythoman, megaloman. Das 19. Jahrhundert in seinem nie dagewesenen Expansionsdrang in die äußere und innere Welt lässt sich schlagender nicht charakterisieren. Auch das Wort von der »Unschuld« des Simonides trifft die Epoche. Die Vermesser der Welt, die Schöpfer des Übermenschen und des ästhetischen Gesamtkunstwerks waren sich keiner Schuld, keines Verbrechens bewusst. Es ist eine Zeit, da Energie Moral ersetzt.

VON BÜCHERNARREN UND SAMMLERWAHN

Der Fälscher macht dem British Museum seine Aufwartung. Sir Thomas Phillipps, der wahnsinnige Büchersammler, wird sein Kunde. In Oxford begegnet man Simonides mit Vorsicht.

ER TRÄGT schwarze Kleidung. Nicht den speckigen Mönchsrock, der bis auf die Knöchel fällt, auch nicht die schwarze Kappe, sondern einen kirchliche Strenge verströmenden Anzug. Ein Mann zwischen dreißig und vierzig, mit dem geliehenen Ernst eines Novizen. Das Haar mittellang, lockig und schwarz, Oberlippenbart. Sein Habitus, der aus der Nähe dann doch etwas klösterlich Ungepflegtes hat oder auch nur die Zerstreutheit eines Schriftgelehrten, will allzu respektabel scheinen. Ein Fremder, der das Fremdsein kultiviert. Ein Abgesandter aus höheren Sphären. Wer ihm begegnet, ist verwirrt von der gespielten Erhabenheit, denn sie wirkt lächerlich und unheimlich zugleich. Als Theaterfigur wäre er eindeutig ein *Tartuffe*: die Bigotterie aus dem Bilderbuch. Aber niemand braucht vor dieser Gestalt seine Ehefrau zu verstecken. Es liegt keine Verstellung in seinem Auftritt, und da ist auch keine Maske, die man ihm abreißen könnte: Es ist jetzt schon Natur. Das unterschwellig Unangenehme der Erscheinung, es ist der Geruch lange eingeübter Einsamkeit.

London, im Februar 1853. Simonides steuert das British Museum an, damals schon eine hundertjährige, ehrwürdige Institution und anfangs auch die einzige ihrer Art. Ein für die Öffentlichkeit zugängliches National-Universalmuseum und zu der Zeit die wahrscheinlich größte Baustelle der Welt. Die Sammlungen wuchsen in beängstigender Geschwindigkeit, und mit ihnen die Bauten. Schon bei der Eröffnung 1759 besaß das British Museum, neben allen anderen Dingen, über 40 000 alte Bücher und Manuskripte. Ein Moloch. »Jede Gesellschaft, jede Generation fälscht das, was sie am höchsten schätzt«, heißt es im Katalog zur Ausstellung »Fake!«, die das British Museum Ende des 20. Jahrhunderts organisiert – zum Großteil aus eigenen Beständen. Der Moloch muss fressen. Erstaunlicherweise unterläuft da den peniblen Kuratoren ein aufschlussreicher Fehler. Es ist die Rede von »Konstantin Simonides, einem griechischen Mönch vom Berg Athos«, hier unter der Katalognummer 178 vertreten mit einem gefälschten Manuskript der Perser-Tragödie des Aischylos. Die hat der Moloch wieder ausgespuckt.

Simonides nimmt Kontakt auf mit Sir Frederick Madden, dem Direktor der Handschriftenabteilung. Der lehnt die erste ihm angebotene Tranche als nicht koscher ab. Es soll sich um Manuskripte nach Hesiod und Homer – nichts weniger – und den schon bekannten Aristeas-Brief gehandelt haben. Madden hat, so wichtig war ihm der Vorgang, das erste und fruchtlose Treffen mit Simonides protokolliert: »Nach kurzer, aber sorgfältiger Untersuchung der mir vorgelegten und zum Kauf angebotenen Manuskripte habe ich diese ohne zu Zögern als moderne Fälschungen zurückgewiesen. Dazu war allerdings wegen der schlichten Machart keine besondere Expertise erforderlich.« Madden führt akribisch Tagebuch. An jenem 22. Februar 1853, einem Dienstag, soll es »am Morgen schön gewesen ein, aber nachmittags Schneefall gegeben haben«.

Zu der Zeit spricht Simonides noch kein Englisch. Das Gespräch mit Sir Madden wird von einem Mr. Barker gedolmetscht, der für das Foreign Office arbeitet. Simonides' Besuch hat also halboffiziellen Charakter. Madden ist von Simonides überrascht: »Als Mr. Barker ihm mitteilte, dass hier von Originalen keine Rede sein könne, verzog der Grieche keine Miene. Er zeigte keinerlei Reaktion und gab auch keine Erklärung ab. Er erschien vollkommen unbeteiligt.« In dem Moment geschieht zwischen den drei Männern in Maddens Zimmer etwas Seltsames. Simonides bittet den Dolmetscher um Erlaubnis, im »Reading Room« des Museums arbeiten zu dürfen. Barker lehnt brüsk ab – Schwindler hätten dort nichts zu suchen. Wieder reagiert »der Grieche« nicht; kein Wort der Verteidigung, kein Anzeichen von verletztem Stolz, nicht der geringste Versuch eines Gegenangriffs. Für Barker ist der Fall erledigt, doch auf Madden beginnt Simonides' unerschütterliche Präsenz zu wirken. »Nachdem ich ihm die Rollen zurückgegeben hatte, fragte ich ihn, ob er noch andere griechische Manuskripte besitze, jenem Psalter aus dem elften Jahrhundert ähnlich, der zufällig auf meinem Tisch lag. Er bejahte dies.«

Madden hat den richtigen Instinkt, Barker allerdings auch. Simonides ändert daraufhin seine Taktik, so sieht es aus. Am nächsten Tag steht er wieder in Maddens Arbeitszimmer, und Barker muss wieder übersetzen. Von dem neuen Stoff, den der griechische Kollege auspackt, ist Madden angetan. Das Jagdfieber hat ihn gepackt. Er pirscht sich mit größter Vorsicht an die Beute heran. Es war doch gut, den Griechen nicht ziehen zu lassen, er verspricht wirklich viel. Und nun muss Simonides durch die Mühlen der Wissenschaft, der Eitelkeit und des Geschmacks. Madden und das British Museum unterziehen ihn einer Serie von Prüfungen, als gehe es um die Aufnahme in eine geheime Freimaurerloge. Er wird vorgeführt wie ein Exot. Er besteht mit Bravour.

Am 29. August 1853 schreibt Simonides seiner Schwester Anna, er habe in der »Königlich Philologischen Gesellschaft« vor fünfhundert Menschen seine Manuskripte vorgestellt, und man habe ihm »lange und herzlichst Applaus gespendet«. Die Briten zeigen sich sogleich von der Qualität und Authentizität des umfangreichen Materials überzeugt. Man lässt ihn, nur um ganz sicherzugehen, Hieroglyphen auf einem Sarkophag entziffern, die Probe stellt ihn vor keine Probleme. Weil aber einige Mitglieder der Philologischen Gesellschaft ihr Misstrauen nicht ablegen können, werden Gremien mit der Untersuchung der Simonides-Stücke beauftragt. Und wieder ist das Ergebnis positiv.

Kein Wunder: Simonides greift diesmal tief in seine Reisetasche und wartet mit echten Manuskripten, zumeist Fragmenten, auf. Soweit er und überhaupt jemand zu der Zeit das mit absoluter Sicherheit sagen kann. Sir Frederick Madden kauft. Eine Chronik aus dem zehnten Jahrhundert, neutestamentarische Texte in Abschriften aus dem 13. Jahrhundert und eine Sammlung geographischer Texte aus dem 15. Jahrhundert (unter der Signatur 19386 – 19393 heute im British Museum). Der Kaufpreis beträgt 46 Pfund, eine schöne Summe. Mit 600 Pfund im Jahr soll sich damals ein Gentleman ordentlich über Wasser gehalten haben. Ohnedies lebt Simonides bescheiden, steigt in kirchlichen Gästehäusern ab, wo junge Menschen wohnen, und in billigen Pensionen, was er verschweigt, weil es seinem Ansehen schaden würde. Er hinterlässt nicht gern Spuren.

In England herrscht eine für ihn günstige Atmosphäre. Die akute Griechenlandbegeisterung mag etwas abgeklungen sein, aber antike Schätze aus aller Herren Länder stehen hoch im Kurs, und die Eskapisten haben Konjunktur. Die Bruderschaft der Präraphaelitischen Maler sehnt sich in ein Fantasy-Mittelalter zurück, und die »Orientalists«, die *painter-traveller*, treiben sich im Heiligen Land und in Arabien herum. Viele Wege führen in das vorindustrielle Idyll. Mit seinen Reiseberichten kommt Simonides gut an. Wie oft war er schon in Ägypten, in Alexandria, auf dem Sinai, in uralten koptischen Klöstern! Das kann nun wirklich keiner nachprüfen. Man glaubt ihm. Vor allem seine strenge Arbeitsmoral, sein asketischer Fleiß machen den Skeptikern zu schaffen. So ein disziplinierter Lebenswandel passt nicht zum Bild eines Lügners und Betrügers.

Jedenfalls steckt Simonides voller Pläne, wieder einmal. Es sind diese plötzlichen produktiven Ausbrüche und Aufbrüche, nach längeren Phasen des Schweigens und der Apathie. War Simonides, nach seinen Kindheitserlebnissen, manisch-depressiv? Kein Arzt wäre Mitte des 19. Jahrhunderts in der Lage gewesen, dergleichen zu diagnostizieren oder gar zu therapieren. Es geht ihm gut, es geht mit der Arbeit voran, er findet Anerkennung.

Jedenfalls stellt er es so dar, wenn er sich einmal schriftlich äußert. Das ist das eine Muster: Erfolgsmeldungen! Das andere Muster seiner Reaktionen – und davon gibt es mehr Beispiele – ist die bittere Attacke, der Wutausbruch, die wilde Rechtfertigung. Dann ist die Welt ein Meer von Feinden – und Simonides der Märtyrer.

In einem Brief an Alexander Lykurgos vom 15. September 1853 schreibt er, dass er an eine Gesamtausgabe des Grigorios Palamas aus dem 14. Jahrhundert denke, eines der bedeutendsten orthodoxen Theologen. Palamas, man muss es erwähnen, hat tatsächlich existiert, ebenso wie der Philosoph und Erzbischof Scholarios, Übersetzer von Thomas von Aquin. Simonides erkundigt sich in dem Brief nach den vorhandenen Scholarios-Ausgaben. Und er setzt hinzu: »Mein gesamtes Schaffen sei zum Wohle der Kirche!«

Man könnte den Eindruck haben, zu der Zeit hätten sich nur verunsicherte und gierige Kuratoren, wahnsinnige Sammler und ihnen womöglich überlegene Handschriftenfälscher mit der Manuskripten-Materie beschäftigt. Doch die noch junge Altphilologie war eine sich schnell entwickelnde Wissenschaft, vor allem in England und Deutschland, was die Tätigkeit des Fälschers umso schwieriger und anspruchsvoller machte.

Das Zittern des Fälschers, so hat Patricia Highsmith einen ihrer Romane betitelt. Aber die Kulturtechnik des Fälschens verlangt eine absolut ruhige Hand. Und detektivische Akribie, wie das Faksimile aus einem 1864 in London gedruckten Buch, dem *Codex Zacynthios*, zeigt. Auf der ionischen Insel waren Fragmente des Lukas-Evangeliums aufgetaucht, das Vorwort zu dem faksimilierten griechischen Text schrieb Samuel Prideaux Tregelles, ein in England tätiger Philologe mit griechischen Wurzeln. Tregelles gehört zu den erklärten Gegnern von Simonides.

Auch Konstantin Simonides hat solche originalen Texte korrekt herausgegeben und sauber kommentiert. Auf der »echten

Seite« des Fälschers hat man es mit einem Wissenschaftler oder wissenschaftlichen Autodidakten zu tun, dem die Arbeit ernst ist, der in einigen Fällen einer wissenschaftlichen Nachprüfung standhält. Der philologisch seriöse Anteil der Simonides-Werkliste erscheint gering, ist jedoch nicht von der Hand zu weisen. Ein Fall wie Dr. Jekyll und Mr. Hyde. Aber wer ist der Wahnsinnige, wer der Gefährlichere?

Je länger Simonides in der Welt der Altertümer unterwegs ist, und in England ist er das mit wachsender Resonanz und Reputation, desto auffälliger wird eine Spaltung seiner Persönlichkeit. Den ersten Tag rückt er bei Madden mit schlampigen Fälschungen an, den zweiten Tag mit feinem Originalmaterial. Aus der Sicht eines geschäftstüchtigen Fälschers ergibt das keinen Sinn. Ein simpler Betrüger wäre umgekehrt vorgegangen, hätte seine Ware anders sortiert: erst den satten Köder, und nachher, wenn der Käufer angebissen hat, den Schund. So würde es ein geschickter Dealer machen. Es kann auch nicht sein, dass Simonides Maddens Urteilsvermögen testen wollte; zu riskant bei einem ausgewiesenen Spezialisten. Wenn Simonides bei seinem ersten Besuch im British Museum, dem Allheiligsten der Altertumsforschung und -sammlung, wie ein präpotenter Junge auftritt, der seine »Schätze« an den Mann bringen will, der für wertvoll hält, was eine Autorität ihm nahegebracht hat – wie der Onkel Benedikt auf dem Athos –, dann gibt es für dieses Verhalten nur eine Erklärung: Es *war* der fünfzehnjährige Konstantin. Es ist der Schüler vom Heiligen Berg, wie er da vor Madden und Barker steht. Madden hat die Erscheinung des Griechen exakt beschrieben: unerschütterlich, ja teilnahmslos, passiv. Das Opfer seiner Erziehung. Ein Opfer, das zum Täter geworden ist – wenn man den ohnehin fragwürdigen Handel mit alten Büchern als kriminell einstuft. Benedikt hat ihm das Kostbarste genommen, die Kindheit. Er hat ihm das Kostbarste geschenkt, das ein Mönch im geistlichen und weltlichen Sinn besitzen kann, die

Liebe zum Buch und den Glauben an die Schrift. Und alle Schrift ist dann heilig.

Benedikt, bene dicere. Das Böse tun, das Gute ansprechen. *De mortuis nil nisi bene*. Von den Toten soll man nur gut reden.

Im gleichen Jahr besucht er die altehrwürdige Bodleian Library der Universität Oxford. Hier steht Simonides wie ein Zauberlehrling vor der dramatischen Architektur der Bibliothek. Solche Büchergebirge kennt nicht einmal der Athos, den man den Berg der Bücher nennen kann. Ein Sprung ins 21. Jahrhundert, das auch seine Geistergeschichten liebt, wie die Viktorianer: Die Bodleian wurde zum Drehort der ersten beiden Harry-Potter-Filme, die Divinity School war Schauplatz des Hogwart-Hospitals, die Hogwart-Bibliothek findet sich wieder in der Duke Humphrey's Library, dem ältesten Lesesaal der Bodleian. Oxford sollte vor und nach dem Ersten Weltkrieg noch einen anderen berühmten Fälscher magisch anziehen. Sir Edmund Backhouse schenkte der Bodleian Library sage und schreibe 27000 chinesische Bücher und Manuskripte, die er in Peking erworben und gesammelt hatte …

Simonides hat es in der Universitätsstadt mit Henry Octavius Coxe zu tun, damals stellvertretender Leiter der Bodleian. Er geht frontal vor, offenbar hat er diesmal all seine Sinne und seinen Wahnsinn beisammen. Das Gespräch verläuft, was Coxe betrifft, in gereizter Stimmung. Simonides bleibt bis zum Ende ruhig. Coxe hat seine Laufbahn in der Manuskriptenabteilung des British Museum begonnen, er versteht etwas Griechisch. Simonides hat inzwischen besser Englisch gelernt. Dennoch verstehen sich die beiden Männer schlecht, oder nur allzu gut.

Eine Szene von einem gewissen Ewigkeitswert, für Bücherfanatiker und andere Sammlernaturen. Im Hintergrund massive Büchermauern, Palisaden aus Folianten, die ganze tote Flora und Fauna, die der Buchproduktion anheimgefallen ist; Wälder, Rinderherden. Erdrückendes Papiergewicht. Das ferne Brummen, das sphärische Gesumse der eingesperrten Gedanken. Es entwickelt sich ein Kampf unter Kennern:

Simonides legt Coxe ein Handschriftenfragment vor und fragt ihn, wie alt er es einschätze:

– So etwas sieht man nicht jeden Tag!

– Vielleicht 12. Jahrhundert?, erwidert Coxe.

Simonides legt ihm ein anderes Manuskript vor:

– Hier wäre ein noch älteres Stück, vom Athos, zehntes oder elftes Jahrhundert.

– Höchstwahrscheinlich, sagt Coxe.

Simonides packt weitere Rollen aus:

– Dieselbe Provenienz, Heiliger Berg.

– Ohne Zweifel, sagt Coxe.

– Das British Museum hat das Alter der Rollen bestätigt, Mr. Coxe.

– Ohne jeden Zweifel, Mr. Simonides, eindeutig 19. Jahrhundert!

Zweifellos fand Coxe sich witzig in diesem Dialog, ihn haut keiner übers Ohr. Simonides hat sich das brüske Verhalten des Vize-Bibliothekars von Oxford nur so erklären können: *Cox*, schreibt er, Cox (er hat eine Rechtschreibschwäche in fremden Sprachen) sei verägert und bitter enttäuscht gewesen. Zu den ihm präsentierten Manuskripten gehörte nämlich der Aristeas, ein Simonides-Klassiker. Auf den sei der Engländer scharf gewesen. Der Aristeas aber sei unverkäuflich, wegen seines einmaligen theologischen Gehalts.

Henry Octavius Coxe (1811 – 1881) ist ein typischer Bücherwurm seiner Zeit. Daheim überkorrrekt, unterwegs, auf Beutezügen, nimmt er es dann nicht so genau. Simonides lässt er angeblich abblitzen, aber nur vier Jahre später schließt er sich einer Mission der britischen Regierung an. Sie geht nach Süden, zur »Inspektion der Klosterbibliotheken der Levante«, wie das damals heißt. Gemeint ist vor allem der Athos und die Meteora-

Klöster. Es sind die alten und nun, anno 1857, auch schon ausgetretenen Wege der wissenschaftlichen Räuber und Sammler. Die Expedition stößt auf wertvolle alte Manuskripte, aber auch auf den Widerstand der Mönche. Sie verkaufen nicht. Auch sie haben gelernt.

Es ist Zeit, dass Konstantin Simonides sein wahres Gegenüber trifft. Sein Name: Sir Thomas Phillipps (1792–1872). Exzentrik muss wohl als britische Erfindung betrachtet werden, und Phillipps steht auf der nach oben offenen Exzentriker-Skala einsam an der Spitze. »Ich kaufe gedruckte Bücher, weil ich ein Exemplar von jedem Buch auf der Welt haben will«, schreibt er in einem Brief an seinen Freund Lord Curzon, den man als Büchernarr und Klosterräuber kennt. Einige Zahlen: Als Phillipps starb, hinterließ er nach vorsichtigen Schätzungen 70 000 Bücher und mindestens so viele Handschriften; die sammelte er mit derselben Besessenheit. Er hat die wahrscheinlich größte und bedeutendste Privatsammlung aller Zeiten zusammengetragen – »so groß, dass das Versteigerungshaus Sotheby's in London und New York bis heute, mehr als ein Jahrhundert nach seinem Tod, über sechzig Auktionen der ›berühmten Sammlung von Sir Thomas Phillipps‹ mit einem Erlös von Abermillionen Dollar veranstaltet hat«, schreibt Werner Muensterberger in seinen »Psychobiographien« vom *Sammeln*.

Als Phillipps von Middle Hill in Gloucestershire nach Thirlestaine House in Cheltenham umzieht, ist es ein veritabler Feldzug. Er dauerte acht Monate, und es waren insgesamt 103 Wagenladungen voll mit bedrucktem Papier, und 230 Pferde im Einsatz, nach der Zählung von Philipp Blom *(Sammelwunder, Sammelwahn)*. Über den Grund für den Umzug gehen die Ansichten auseinander. Es heißt einmal, Sir Thomas habe sich mit einer Tochter über das Erbe zerstritten, eine andere Erklärung liegt näher: Sir Thomas braucht mehr Raum. Noch ein Brief an Curzon: »Ich kann keinen Grund sehen, warum Sie und Mrs. Curzon nicht nach Middle Hill kommen sollten, außer dass überhaupt kein Platz da ist für Sie! Sie, der Sie gereist sind und in griechischen Klöstern genächtigt haben, könnten sich vielleicht mit den Unbequemlichkeiten von Middle Hill arrangieren, aber ich fürchte, dass sich Mrs. Curzon ganz elend fühlen würde. Wir haben keinen Raum zum Essen, außer dem Zimmer der Haushälterin …«

Geistige Nahrung! Bücherwahn. Die *Bibliotheca Phillipica*, wie er sein Reich nennt, sein Privatkloster, erstickt ihren Besitzer. Sir Frederic Madden schreibt im Jahr 1854 in sein Tagebuch über Middle Hill: »Das Haus sieht jedesmal, wenn ich es besuche, heruntergekommener und verfallener aus, und inzwischen gibt es keinen einzigen Raum, der nicht mit großen Kästen voller Manuskripte vollgestopft ist.«

Ein Exemplar von jedem Buch. Phillipps träumt den Alptraum einer neuen Bibliothek von Alexandria – mitten im englischen Grün. Eine private Kopie des legendären *Museion* der Ptolemäer. Jedes Schiff, das im Hafen von Alexandria angelegte, so wird berichtet, musste sämtliche an Bord befindlichen Manuskripte abliefern – sie wurden im Museion kopiert. Danach erst konnte das Schiff wieder auslaufen, mit den Kopien. Die Alexandriner legten sich das Original ins Regal. Phillipps treibt einen kaum geringeren Aufwand. Täglich treffen Kisten mit Büchern in Middle Hill ein, und Rechnungen von Antiquaren und Druckern.

Simonides ist dort ein gern gesehener Gast. Als Erstes verkauft er Phillipps die Manuskripte, die Madden zurückgewiesen hat. Die beiden verstehen sich prächtig. Der eine hat sein Leben dem permanenten Erwerb alter (und neuer) Bücher gewidmet, koste es, was es wolle. Der andere hantiert und handelt von klein auf mit Manuskripten. Im Dezember notiert Phillipps nach einem Gespräch mit Simonides: »Ich muss seinen Pythagoras, seinen Phocylides und seine drei Diatagmata Autokrator für eine bestimmte Summe haben.« Warnungen, dass Simonides Fälschungen in Umlauf bringt, schlägt er in den Wind. Als ein deutscher Gelehrter namens Kohl zu Besuch auf Midle Hill ist und ihm einen deutschen Zeitungssausschnitt über Simonides' Aktivitäten übersetzt (»Ein Meisterfälscher!«), bleibt Phillipps stur. Und kauft als Nächstes zwei Dutzend Manuskripte aus Simonides' schier unerschöpflichem Fundus. Fälschung hin oder her, er, Phillipps, könne nicht riskieren, dass solche »Juwelen« in andere Hände gelangen, wie Muensterberger schreibt. Phillipps stellt keine Fragen, er greift zu. Für den *Homer* allein, der aus der berühmten Bibliothek von Alexandria stammen soll, zahlt er fünfzig Pfund. Simonides kann – eine neue Erfahrung – gar nicht so viel Material beschaffen, wie Phillipps ihm abzunehmen bereit ist. Phillipps bedrängt ihn, lädt ihn ein, drückt ihm Geld in die Hand. Aber Simonides ist ausverkauft! Phillipps' Interesse an dem wundersamen Griechen erlahmt, der einmal übersprudelt mit Geschichten vom Athos und vom Sinai, ein andermal wie stumm und taub erscheint.

Phillipps hat in Oxford studiert, seine Begeisterung für alte Bücher bricht schon früh aus. Er ist ein durchaus gebildeter Mann. Mit dreißig Jahren wird er geadelt als Sir Thomas Phillipps, F. S. A., F. R. S. (Fellow of the Society of Antiquarians und Fellow of the Royal Society). Büchersammler lesen in der Regel nicht. Sie *besitzen* Bücher, und die Bücher besitzen sie. Am Ende seines Lebens kann sich Phillipps kaum die Kur am Meer leisten, die ihm die Ärzte verschreiben. Er hat sein Vermögen und zwei Ehen ruiniert, das Verhältnis zu den Kindern ist zerrüttet, und er sammelt jetzt auch Rechnungen, Briefe, Drucksachen, Notizzettel, alles Beschriebene und Bedruckte. Wegwerfen ist Sünde. Die Sucht ist wie Wasser. Sie sucht sich ihren Weg, sie kommt überall durch.

Bücher und Buchstaben spenden Phillipps in allen Lebenslagen Trost; so hat er sich oft geäußert. Aber nicht die Inhalte sind es, nicht die Geschichten und das Wissen, das in den Büchern schlummert, nicht Sprache, Dispute und Dramen, nicht Verse oder Bilder, kurz: Die Literatur ist es nicht, was dem Büchernarren Befriedigung verschafft. Es ist das Formale, Namen und Titel, geprägte Buchrücken, das Material der Einbände, der Geruch, den ein solches Haus von Büchern verströmt, Masse *und* Klasse des gesammelten Papiers. Die Nomenklatur, diese stumme Autorität. Es ist dieselbe Kraft, die Simonides auf dem Athos in ihren Bann gezogen hat. Das Reich der Bücher ist ohne Grenzen. Ebenso kann man die Sterne am Himmel zählen: jeder Stern »ein Exemplar von jedem Buch« in dem sich ausdehnenden Universum. Simonides aber schien auch das noch nicht genug. Er erfindet, während die alten entdeckt und entziffert, gründlich erforscht und katalogisiert werden, neue Bücherwelten.

Philipp Blom setzt Thomas Phillipps in *Sammelwunder, Sammelwahn* ein tieftrauriges Epitaph: »Die *Bibliotheca Phillippica* besteht nicht mehr, und eigentlich hat sie nie bestanden. Die bloße Anhäufung von Büchern schafft noch keine Bibliothek, denn es ist die Ordnung, die Organisation und die in ihrer Aufstellung und Auswahl sichtbare Persönlichkeit ihres Gründers und Hüters, die Hunderte von Bücherkisten in ein neues Universum verwandeln. Viele von Phillipps' Büchern wurden niemals aus den Kisten genommen, in denen sie geliefert worden waren, und ein großer Teil von ihnen war so untergebracht, dass es fast unmöglich war, sie zu erreichen. Was also von dieser Sammlung bleibt, ist ihre Geschichte: ein Erbschaftsstreit, einige Kataloge, Gerüchte, Briefstellen, Auktionspreise – es ist, als hätten posthume Bücherwürmer das Lebenswerk von Sir Thomas Phillipps in Staub verwandelt.«

Über Phillipps' Büchergebirge sind auch Werke von Simonides in die internationalen Auktionen gelangt. 2005 tauchen bei einer Versteigerung von »Phillippsiana« in den USA einige gute alte Bekannte auf: Eine *Chronik der Babylonier*, ein Pergament mit phönizischer Schrift; drei Blätter aus dem *Eulyrus von Kefalonia*; und vier Blätter des Philosophen Neocomus von Symi.

Sir Thomas Phillipps hat sich selbst als »Papyromanen« bezeichnet – was mit jedem Buchstaben ebenso auf Konstantin Simonides zutrifft. Wie der Pyromane, so ist auch der Papyromane ein gefährlicher, getriebener Typus.

DER URANIOS-SKANDAL

Der »Uranios-Skandal« erschüttert die Preußische Akademie der Wissenschaften. Leipzig und Berlin streiten über den Fälscher. Konstantin Tischendorf, der Schriftgelehrte, greift ein. Simonides landet im Gefängnis.

Was Leipzig druckt, sey prächtig schön ...

GUTENBERG-*Hymne*, 1740

Es ist von jeher die Stadt der Schriftsetzer, Drucker, Buchbinder, Graphiker, Verleger, Notensetzer, Enzyklopädisten. In Leipzig legt F.A. Brockhaus 1817 mit dem *Conversationslexikon mit vorzüglicher Rücksicht auf die gegenwärtigen Zeiten* den Grundstein für kommende weltumspannende Werke, Philipp Reclam jun. gründet 1828 sein Verlagshaus (die »Universal-Bibliothek« folgt 1867), Benedictus Gotthelf Teubner druckt für diese beiden, ehe er 1849 seinen eigenen Verlag ins Leben ruft, er spezialisiert sich auf Lesebücher für den Latein- und Griechischunterricht. Bernhard Tauchnitz macht sich zu der Zeit als Herausgeber der *Collection of British Authors* einen Namen. Der bürgerliche Bildungshunger des 19. Jahrhunderts ist ohne Beispiel, und das Buchwesen wird zu einem ernstzunehmenden Wirtschaftsfaktor. Bereits 1825 hat sich in Leipzig der Börsenverein des Deutschen Buchhandels gegründet.

Von Anfang an gibt sich die Buch- und Universitätsstadt Leipzig kosmopolitisch als Wissensspeicher und kontinuierlich wachsender Ort der Wissensvermittlung. Die »Alma Mater Lipsiensis« wird 1409 eröffnet, 1481 bei Markus Brandis das erste Buch in Leipzig gedruckt. In der Reformationsphase gelangen die Bücherschätze der sächsischen Klöster in die neue Universitätsbibliothek, vor allem klassische Autoren, Bibeln, wissenschaftliche Werke. »Die Welt des Denkens ist grau, ihre Texte sind schwarz und weiß [...]. Noch im 15. Jahrhundert verband sich die akademische Welt der Lehre und Forschung mit dem ortsansässigen Buchdruck«, heißt es im Katalog zur Ausstellung

»Ein Kosmos des Wissens – Weltschriftenerbe in Leipzig«, die im Frühjahr 2009 in den Katakomben der Universitätsbibliothek Albertina zu sehen war und anschließend nach New York und Houston ging. Das kostbarste Exponat waren vier Blätter des *Codex Sinaiticus*, der von Konstantin Tischendorf auf dem Sinai entdeckten ältesten erhaltenen Bibelhandschrift.

Tischendorf, der Leipziger Theologe und Forschungsreisende, gehört zu den abenteuerlichsten, aber in seinem grauen disziplinarischen Eifer auch langweiligsten Gelehrtenfiguren im exzentrischen Panorama des 19. Jahrhunderts. Tischendorf, hochgebildet, furchtlos und ein Biedermann, wird Simonides' Intimfeind. Konstantin gegen Konstantin. Nur dass der Deutsche lange nichts erfährt von dieser ebenso bitteren wie irrationalen Konkurrenz, die vom antideutschen Ressentiment des Griechen befeuert wird. Wer die Vergangenheit besitzt, beherrscht die Gegenwart. Es geht um die Deutungshoheit im schwarz-weißen Imperium antiker Schriften, um das zweifelhafte Recht und die unverhoffte Gelegenheit des ersten Zugriffs. Seit Jahren beobachtet Simonides den »scheinheiligen Professor und Kleptomanen« aus der Ferne, Tischendorfs lutherische Beharrlichkeit schreckt ihn ab. In diesem neiderfüllten Hass auf den Fremden steckt, uneingestanden, Anerkennung, ja Bewunderung. Leipzig gehört Tischendorf – und all den anderen philologischen Koryphäen. Um die Mitte des 19. Jahrhunderts verzeichnet die Universitätsbibliothek Leipzig die höchsten Zuwachszahlen aller deutschen Universitätsbibliotheken. Leipzig ist die Höhle des Löwen. Nach dem Zusammenstoß mit den Athener Gelehrten – seiner Ansicht nach allesamt knechtische Seelen, die sich dem deutschen König der Griechen zu Füßen geworfen haben – steht noch eine Rechnung offen.

Am 15. Juli 1855 trifft Simonides, aus Paris kommend, in Sachsen ein. Er hat den Auftritt minutiös geplant, und kaum eine Phase seines Lebens ist so exakt dokumentiert wie die nun folgenden acht Leipziger Monate. »Mein Leipzig lob' ich mir. Es ist ein klein Paris und bildet seine Leute«: Der studentische Spruch aus Goethes *Faust* (J. W. v. G. studierte von 1765–1768 in Leipzig Juristerei) passt auf Simonides' Strategie. Von Leipzig aus, dessen akademischer Ruhm stetig wächst, will er die großen europäischen Metropolen erobern. Er nimmt Quartier bei seinem alten Freund Alexander Lykurgos, einem Theologiestudenten und Landsmann. Das erhöht sein Sicherheitsgefühl. Auf Lykurgos kann er sich verlassen. Der sieht in Simonides einen »Phantasten«, hält ihn für hochbegabt und zügellos, aber lernfähig. »Der sehr zweideutige Ruf«, den Simonides »bei seinem Weggange aus Griechenland hinterlassen hatte«, ist ihm wohl bekannt, aber Freundschaft und Vertrauen überwiegen. Lykurgos und Simonides nehmen bei einem Dr. Uhlemann Deutschunterricht; eine von Lykurgos' Erziehungsmaßnahmen, die Simonides über sich ergehen lässt. In allen wichtigen Gesprächen dient Lykurgos ihm als Dolmetscher, ein nützlicher Idiot.

Es geht glatter als erwartet. Wenige Tage nach seiner Ankunft in Leipzig hat Simonides einen Termin in der Universitätsbibliothek bei Professor Anger. Simonides breitet eine Reihe von Manuskripten aus, darunter einige Reden der griechisch-orthodoxen Theologen Nikolaus Methonensis und Gregorios Palamas. Es sind aber drei andere Blätter, die Anger und Lykurgos neugierig machen: Fragmente des frühchristlichen Hirtenbriefs des Hermas in griechischer Sprache. Anger staunt und starrt. Simonides zeigt, wie immer in solchen entscheidenden Momenten, wenn der Stich ins Herz der Bibliophilen gesetzt wird, keinerlei Regung. Es ist, als stehle sich der Grieche aus dem Raum. Er macht sich unsichtbar und überlässt Anger seinen Gefühlen. Der wähnt sich plötzlich allein mit den Manuskripten, wird überwältigt von der Euphorie des Entdeckers, der in einen Schacht gestiegen und einen Schatz zutage gefördert hat. Es ist die Erotik des Angrabens und Ausgrabens, des den anderen das Wasser Abgrabens; der ausgedehnte orgiastische Moment, als erster in Händen zu halten, was Jahrhunderte oder Jahrtausende verborgen war. Etwas, das aus der Zeit gerissen und der Vergänglichkeit entrissen ist. Im Anfang war das Wort, der Logos, das Wort und die Vernunft, und ein so altes Manuskript wie der Hirtenbrief des Hermas, über den sich der Leipziger Professor Anger da beugt, setzt schnell einmal die Gelehrtenvernunft außer Kraft. Auch Lykurgos, der angehende griechische Theologe in Leipzig, ist ergriffen. Und er ist stolz auf Konstantin.

Den Hermas kennt man bisher nur aus jüngeren lateinischen Ausgaben. Mit dem griechischen Manuskript käme man nun sehr nah an das Original heran, darum dreht es sich in all diesen Abgleichungen und Textbestimmungen, wofür die Männer der neuen Altertumswissenschaften ihre Rücken krumm machen und ihr Augenlicht quälen – den Weg zurückzufinden bis zur Quelle, durch den Strom der Zeit, der die Buchstaben ausgewaschen hat. Diese Quellen entspringen aber auch wieder dem Reich der Fiktion – niemand weiß, was dahinter liegt, ob der gefundene Ursprung nicht doch noch viel weiter zurückliegt, unerreichbar, weil die letzten Verbindungsglieder zum Anfangspunkt fehlen, zur allerersten schriftlichen Fixierung einer Geschichte, eines Gedankensystems, einer Apologie. Womöglich haben *ab origine* miteinander konkurrierende erste Schriften existiert, von der mündlichen Überlieferung zu schweigen.

Anger will sofort die Abschrift des Hermas und seine Edition in die Wege leiten, auch wenn ihm nach dem ersten haptischen Rausch auch wieder Zweifel kommen. Mit dem Namen des Griechen, der allerdings einen seriösen, oder auch allzu seriösen und streng gläubigen Eindruck macht, verbinden sich ungünstige Zeitschriftenartikel, besonders jenen Beitrag des deutschen Diplomaten Dr. Mordtmann aus Konstantinopel hat man sich gemerkt. Er wird Simonides immer wieder vorgehalten. Andererseits, Anger hat gesehen, was er gesehen hat. Und der Grieche hat traumwandlerischen Sachverstand bewiesen, und Alexander Lykurgos, ein mustergültiger Student, verbürgt sich für ihn. Simonides ist nicht leicht zu fassen. Er ist kein einfacher Betrüger. Die Hermas-Blätter sind echt. Sie müssen zur Drucklegung abgeschrieben werden, und dabei tun sich philologische Abgründe auf. Denn der griechische Originaltext erweist sich als lückenhaft. Eindeutig ist die Provenienz des Hermas: die Bibliothek des Klosters Grigoriou auf dem Berg Athos. Von dort hat Simonides die Blätter mitgebracht, und von weiteren sechs Blättern besitzt er eigenhändige Abschriften.

Das Geschäft verzögert sich. Die Gelehrten beginnen einen Streit über faule Rückübersetzungen aus dem Lateinischen, mit denen Simonides die Lücken im griechischen Original ausgefüllt haben soll; ein bedenkliches Verfahren, nah am Betrug. Schlimmstenfalls hätte Simonides die fraglichen Teile des Hermas-Manuskripts vom Berg Athos nie gesehen, sondern aus der in Universitätsbibliotheken leicht erhältlichen lateinischen Ausgabe ins Griechische rückübersetzt. Damit wäre wissenschaftlich nichts gewonnen und nur ein hybrider Text ohne jeden Wert entstanden, eine Neuschöpfung, aus der man vergebens Erkenntnisse über das Denken der frühen Kirchenväter 1500 Jahre zuvor würde ziehen wollen. Alexander Lykurgos findet bei seinem Freund Konstantin Simonides mehrere »mit Tinte verunstaltete Blätter«, was ihn misstrauisch macht. Offenbar hat Simonides versucht, mehrere Versionen seiner ursprünglich auf dem Athos gefertigten Abschriften herzustellen. Er wollte den perfekten Deal. »Ich war ganz außer mir«, schreibt der in seiner Loyalität zu Simonides und zur Universität hin- und hergerissene Lykurgos später, »allein die Auslieferung verweigerte Simonides, der verschiedene am Rande angebrachte Notizen als Hindernis geltend machte, so hartnäckig, dass ich die Zerstörung des ganzen, so weit schon vorgeschrittenen Druckunternehmens fürchten musste. Ich gab mich schließlich zufrieden, weil doch der ganze

Schaden teils auf Nachlässigkeiten, die Simonides auszugleichen versprach und auch wirklich ausglich, teils auf Kleinigkeiten, wie es schien, hinauslief.«

Der Ankauf des Hermas durch die Leipziger Bibliothek und die Publikation, die der Altphilologe Professor Wilhelm Dindorf und Anger besorgen, stellen den akademischen Frieden schnell wieder her. Hundert Taler soll der Preis gewesen sein. Simonides' Leipziger Entree scheint perfekt. Selbst der so strenge und misstrauische Professor Tischendorf wird später erklären: »Hierauf überzeuge ich mich durch Autopsie, dass die an die Universitätsbibliothek gelangten drei Originalblätter des Hermas unbedingt echt waren.« In der *Deutschen Allgemeinen Zeitung* bemerkt Dindorf, dass Simonides zwar in schlechtem Rufe stehe und Misstrauen angebracht sei. Aber es »fand sich doch in dem Inhalt der Abschrift, wie Prof. Anger in seiner Vorrede zum Abdruck des Hermas behauptet hat, kein haltbarer Grund, dem naheliegenden Gedanken, dass die Abschrift vielleicht nur eine Rückübersetzung der alten lateinischen Übersetzung sei, Raum zu geben. Was natürlich die Möglichkeit nicht ausschließt, dass sich Simonides bei Anfertigung der Abschrift mancherlei Freiheiten genommen habe.«

Wie viel Freiheit sich ein namhafter, bestens beleumundeter Akademiker nehmen kann, wenn das Ego mit ihm durchgeht, wenn Geld und Öffentlichkeit und bahnbrechende Entdeckungen im Spiel sind, wird man bei Dindorf sehen. Er ist der Typ, den Simonides sucht – und fürchten muss. Ein Gräzist von Graden. Dindorf bearbeitet im *Thesaurus Linguae graecae* (Paris, 1831–1863) die Buchstaben Alpha, Delta, Zeta, Eta, Theta, Iota, Kappa und Pi, er ediert Euripides, Homer, Aristophanes, Lukian und Herodot. 1855, als Simonides in Leipzig auftaucht, sitzt er an der Studienausgabe der *Odyssee* für die Universität Oxford. Zu der Zeit entstehen die Textgrundlagen, auf die wir uns heute noch beziehen. »Keinem früheren Jahrhundert war das Archiv wichtiger als dem neunzehnten«, schreibt der Historiker Jürgen Osterhammel in seinem Monumentalwerk *Die Verwandlung der Welt. Eine Geschichte des 19. Jahrhunderts.* »Die neue Geschichtswissenschaft, die sich seit den 1820er Jahren bei Leopold Ranke und seinen Schülern herauskristallisierte, stellte sich unter den Imperativ der Textnähe. Geschichte war aus Schriftquellen, zumal den unveröffentlichten, rekonstruierbar. Damit wurde die Historie wissenschaftlicher, also nachprüfbarer, in ihrer Haltung auch mythenkritischer [...] Das 19. Jahrhundert kann im Rückblick von heute global gedacht werden, weil es sich *selbst* so gedacht hat.«

Mythenkritischer, aber auch mythenhungriger: Wirkt der Hermas, den Simonides nach Leipzig bringt und der sich als Original erweist, wie ein Appetithappen, so werden sich die Leipziger und Berliner Schriftgelehrten an dem Brocken, den ihnen der Grieche nun vorsetzt, mächtig verschlucken. Seit den napoleonischen Beutezügen im Land der Pharaonen schwärmt die industrialisierte Welt von Ägypten. Als Nonplusultra der deutschen Altertumswissenschaft gilt die von Karl Richard Lepsius (1810–1884) begründete Ägyptologie. Lepsius reist mehrmals mit Expeditionen nach Ägypten und Äthiopien, mit seinen Funden wird das Ägyptische Museum in Berlin eingerichtet. Die Dindorfs und Lepsius' können kaum an sich halten, als Konstantin Simonides im September 1855 ein »Palimpsest von 70 Blättern mit der ägyptischen Königsgeschichte des Uranios« präsentiert – eine Sensation!

Bis dato ist der Name des alexandrinischen Historikers aus dem fünften Jahrhundert nur durch Zitate bei dem Lexikographen Stephanos von Byzanz bezeugt, der ein Jahrhundert später lebte. 70 Blätter, anderthalb Jahrtausende alt! Uranios muss ein ungemein produktiver Autor gewesen sein. Zu seinen Werken zählen drei Bücher der Könige von Ägypten, drei Bücher der Priester von Ägypten, zwei Bücher von den ägyptischen Gesetzespriestern, sechs Bücher von den Städten und Wohnplätzen der Ägypter, zwei Bücher von den äthiopischen Königen, drei Bücher der Geschichte der Herrscher Libyens usw. Hier aber interessieren vor allem die Herrscher Ägyptens: der erste König soll Mesrachamis geheißen und 128 Jahre regiert haben, wobei das »ägyptische Jahr nur aus vier Monaten« bestand. Der zweite König war Balchumis, gefolgt von Memphathanchis, Achmanthos, Phaates, Chnemachothis usw. Amtachothis baute den Tempel des Ammon zu Memphis »und wurde von seinem Weibe vergiftet«; mit Gift kennt sich Simonides aus. Soweit das erste Buch des Uranios. Im zweiten Buch macht man Bekanntschaft mit König Menes, der von einem Hippopotamos getötet wird, nach 189 »Jahren« Regierungszeit. Es folgen endlose Genealogien und dynastische Morde, Feldzüge und mystische Tiererzählungen, wie sie in den von Simonides gefundenen antiken Schriften häufig anzutreffen sind: Hier sind es der Stier und der Ziegenbock, deren Abbilder einen Krieg entscheiden, weshalb die Ägypter »ihre Götterideen auf die Natur der Tiere selbst übertragen hätten«. Im dritten Buch geht es so weiter, Könige, Regierungszeiten, Kriege in Nordafrika und auf der Arabischen Halbinsel und Skurrilitäten, die an die Kreativität der *Symais* von Simonides erinnern: Hochgestellten Ägypterinnen, die mit einem Sklaven schliefen, wurde eine Brust abgeschnitten, der Sklave wurde unter reger Anteilnahme des Hofs an Krokodile oder Löwen verfüttert, wie später die Christen in Rom im Kolosseum.

Im Januar 1856 erscheinen in Oxford unter dem Titel *Uranii Alexandrini – De Regibus Aegyptiorum* die Uranios-Fragmente des Simonides. Herausgegeben von Gulielmus Dindorfius. Der Grieche wird nicht erwähnt. Prof. Dindorf aus Leipzig hat die Sache in seine Hände genommen. Und während in Oxford gerade einmal zehn, nach anderen Quellen fünfzehn Exemplare der ägyptischen Königsdramen in Umlauf kommen, entbrennt in Deutschland ein gewaltiger Skandal um die Echtheit des Uranios – und wie es dazu kommen konnte, dass der preußische König 5000 Taler zum Ankauf des Palimpsests bewilligt hat.

Vom ersten Moment an ist Dindorf fasziniert, ja überwältigt. Schon nach der ersten Besichtigung des Uranios bestimmt er: »Man kann nicht zweifeln, dass die Sache echt sei.« Und er fügt hinzu, dass man den Palimpsest nicht an »hiesige Buchhändler« geben könne, »die von der Sache nichts verstehen und darum nicht viel geben würden«. Ganz andere Summen seien in England zu erzielen. Woche für Woche treffen sich Dindorf und Simonides im Haus von Alexander Lykurgos. Er ist in all diesen Gesprächen der Dolmetscher, ein Vermittler zwischen den Kulturen, die hier fleißig dabei sind, einander gegenseitig zu täuschen und auszubeuten. Lykurgos ahnt Betrug, hilft allerdings tatkräftig mit bei der Übertragung der altgriechischen Texte – und wundert sich, »dass da auch nicht ein Fünkchen alter Graecität darin zu erkennen sei, wohl aber die heutige Sprache der Neugriechen«. Zu schwach, den Freund zu bremsen, fühlt er sich in etwas Bedrohliches hineingezogen. Er schlägt vor, Professor Tischendorf zu Rate zu ziehen, was die beiden ablehnen; man brauche ihn nicht. Dindorf schenkt Simonides ein Exemplar mit der – in offenbar fehlerhaftem Griechisch geschriebenen – Widmung: »Dem hochgelehrten Konstantin Simonides, in der Lesung der alten Palimpseste scharfäugiger als Lynkeus.« Lykurgos wird zu einem Problem, er könnte den großen Coup zunichte machen. Also einigt man sich auf ein Experiment. Aus Paris wird ein chemisches Mittel bestellt, »vermittels dessen die Echtheit des Palimpsests sicher zu erproben sein sollte«, schreibt Lykurgos im folgenden Jahr in seinen *Enthüllungen über den Simonides-Dindorfschen Uranios*. Ein Lackmustest. Dabei färbt sich die unterste und älteste Schriftschicht blau. Das Experiment wird durchgeführt, und blaue Farbe kommt zum Vorschein. Lykurgos ist nicht überzeugt, aber erst einmal ruhiggestellt.

Anfang Oktober gehen die ersten Transkripte des *Uranios*

zum Druck nach Oxford. Danach erst, Mitte November, macht Dindorf ein Angebot. Er will für den *Uranios* 1000 Taler zahlen. Simonides lehnt ab, Dindorf bietet das Doppelte. Am 28. November schickt er den entsprechenden Vertrag, den Lykurgos ins Griechische übersetzt. Ein Diener zweier Herren: Gleichzeitig warnt Lykurgos Professor Dindorf zum wiederholten Mal vor seinem Landsmann Simonides. Er bekommt zur Antwort: »Seien Sie ruhig, ich weiß alles, was Simonides in England und Frankreich begangen hat, und ich lasse mich nicht von ihm täuschen.« Lykurgos sieht die nationale Ehre bedroht. Anfang Dezember hält er vor dem griechischen Studentencorps in Leipzig eine Rede und nennt Simonides einen Betrüger und Fälscher. Im Gegenzug lässt Simonides verbreiten, Lykurgos, der sich bei ihm eingeschlichen habe, sei ein Agent der griechischen Regierung und verfolge gegen ihn ein aus Athen gesteuertes Komplott.

Ein Kleinkrieg beginnt unter den Wissenschaftlern. Dindorf attackiert Tischendorf, der in einer Vorlesung von den Fälschungen des Griechen Simonides spricht. Einmal ist der *Hermas* falsch, weshalb auch der *Uranios* nicht echt sein könne, ein andermal ist es umgekehrt. Weil der *Uranios* eine klare Fälschung sei, tauge auch der *Hermas* nichts. Das Zentralorgan der Intellektuellen, die *Augsburger Allgemeine*, nimmt am Leipziger Gelehrtenstreit, der nun längst zu einer grenzüberschreitenden Debatte geworden ist, regen Anteil. Am 26. Januar 1856 meldet das Blatt, der *Uranios* habe in Berlin »große Sensation« gemacht. Lykurgos ist sprachlos, die Affäre ist ihm entglitten. Tischendorf wütet. Dindorf hält sich in der preußischen Metropole auf. Und Simonides schweigt. Erst als er aus der Zeitung erfährt, dass Dindorf den *Uranios* in Berlin zum Kauf angeboten hat, spricht er von Betrug. Auch er kann den Lauf der Dinge jetzt nicht mehr aufhalten: Dindorf soll von der Königlichen Akademie der Wissenschaften 5000 Taler für den *Uranios* erhalten, der preußische König stimmt dem Ankauf zu. Es sei im Übrigen, wie Dindorf hinzufügt, ein anständiger Preis, in England bekäme man leicht das Doppelte. 3000 Taler – eine schöne Gewinnspanne für einen deutschen Gelehrten.

Ein vorgeblich 1500 Jahre altes Schriftbild verwirrt die Geister, die besten ihrer Zeit. Die Ereignisse überschlagen sich. Von den Zeitungsmeldungen alarmiert, schickt Tischendorf am Nachmittag des 29. Januar eine Depesche von Leipzig an die Berliner Akademie mit einer »ausführlichen Darlegung meiner paläographischen Gründe gegen die Echtheit der Handschrift«. Am Morgen des 1. Februar trifft Berlins Polizeidirektor Stieber in Begleitung von Professor Lepsius in Leipzig ein. Konstantin Simonides wird verhaftet, sein Hab und Gut beschlagnahmt. Die Schatulle mit den 2000 Talern von Dindorf ist unangetastet. Man findet ihn auf gepackten Koffern. Er gibt an, dass er zu dringenden Geschäften nach London reisen müsse.

Siebzehn Tage sitzt der Grieche im Gefängnis. Er wird mehrmals verhört. Er selbst spricht vom »Leipziger Tribunal«. Lykurgos übersetzt tapfer Punkt für Punkt die Anklage. Betrug, Fälschung, Täuschung, Arglist und was den sächsischen Magistratsbeamten sonst so einfällt zu einer überaus verworrenen Geschichte um »ägyptische Dokumente« und »altgriechische Geschichtswissenschaft«. Unterhaltsamer liest sich die Version, die Simonides von seiner Befragung liefert, sie zieht sich bei ihm auch über mehrere Tage hin. Er habe, so lautet nun der peinliche Vorwurf, die Blätter des *Uranios* aus der Bibliothek des Sultans in Konstantinopel gestohlen. Darauf antwortet er mit einer eines Sokrates würdigen Verteidigung: »Wenn das Manuskript tatsächlich gestohlen wurde, so ist es allerdings echt, und die Beschuldigungen, dass es erfunden und erlogen sei, entbehren des Gegenstands. Wenn aber ich selbst es geschrieben habe, so ist es mein Eigentum, und niemand hat das Recht, es mir zu entziehen. Noch einmal: Sollte es gestohlen sein, so muss man den Ort bezeichnen, die Bibliothek und den Katalog, in dem es verzeichnet wäre.

Und sollte es aber mein eigenhändiges Werk sein, wie einige Ignoranten behaupten, so müssen sie es beweisen, und wenn sie es können, werde ich mich jeder gesetzlichen Strafe unterwerfen. Wenn es aber wahr ist, dass ich es geschrieben habe, so habe ich alles Recht, dieses gebildete Werk unter meinem Namen zu publizieren, wie ich es zuvor mit vielen Werken getan habe. In solchem Fall aber verdiente ich, als klügster aller Männer gerühmt zu werden.« Besonders stolz ist Simonides auf seine Bemerkung, dass der Sultan gar keine Bibliothek besitze – und auch keine Ahnung habe, was eine Bibliothek überhaupt sei.

In diesen Momenten, wenn es ihm an den Kragen geht, wächst der Mann vom Athos über sich hinaus. Er hat keine Freunde, aber er hat Feinde. Lykurgos, Dindorf, Tischendorf, die Preußische Akademie, Alexander von Humboldt, der als Erster Zweifel an der Echtheit des *Uranios* geäußert hat, diese Deutschen, die sich im Griechischen besser auskennen wollen als sonst einer auf der Welt … Man bringt ihn nach Berlin, wo sich das Fragen und Bohren und Aufplustern der Beamten und das selbstgefällige Reden der Gelehrten wiederholt.

Man lässt ihn ziehen. Nicht zu widerlegen sind seine Ausführungen, wie er an den *Uranios* gekommen sei. Ein greiser Mönch namens Nikolaos Melissenos habe ihm das Manuskript anvertraut, das über Sinai und Alexandria und Klöster in Palästina über die Jahrhunderte schließlich wieder nach Alexandria, an seinen Entstehungsort, gelangt sei und von dort schließlich in die richtigen Hände. Simonides kehrt als freier Mann nach Leipzig zurück – wo ihm eröffnet wird, dass er bis zum 30. März das sächsische Staatsgebiet zu verlassen habe. Er reist nach Wien, dann nach München, mit seinen ägyptischen Blättern im Gepäck. In der Heimat Ottos I. gründet er die allerdings kurzlebige Zeitschrift *Memnon*, die sich mit Fragen der Antike beschäftigt, und er gibt eine Denkschrift heraus: *Archäologische Abhandlungen*, eine ausführliche Verteidigung der »Echtheit des Uranios«.

Die Gelehrten in Leipzig und Berlin laborieren noch lange an dem Skandal. Jeder will den entscheidenden Anteil an der Aufdeckung des Betrugs gehabt haben. Lepsius, der führende Ägyptologe, verteidigt seine anfängliche Begeisterung. Er hat sich blamiert. Tischendorf zitiert mit rattenhafter Schadenfreude den Berliner Kollegen: »Die meisterhaft im Stile der ersten Jahrhunderte nach Chr. geschriebenen Züge der Unzialschrift würden auch jetzt noch dem Paläographen keinen hinlänglichen Anhalt für eine Verdächtigung darbieten.« Später fallen Lepsius die seltsamen Namen der ägyptischen Könige im *Uranios* auf, auch die Thronfolge macht ihn stutzig. Entscheidend sind in Berlin wohl chemische und mikroskopische Examinationen des Palimpsests gewesen – für Tischendorf ist der Betrugsfall von Anfang an klar. Er will die »paläographische innere Unmöglichkeit« des Palimpsests sogleich erkannt haben: »Beim Epsilon habe ich den starken gleichmäßigen Mittelstrich zu rügen«. (Der Buchstabe erinnert an das Euro-Zeichen.) »Fast noch übler steht es mit seinem Ypsilon«, setzt Tischendorf hinzu. Die Frage, worum es sich bei den Uranios-Blättern des Simonides tatsächlich gehandelt hat, ob sie Original sind oder Fälschung, lässt sich so nicht beantworten. Es liegt eine Art Zeiten-Mix vor, oder wie Tischendorf meint: »Das Pergament des Uranios [...] vergegenwärtigte mir völlig die Manuskripte des 11. Jahrhunderts, passte aber nimmermehr zu dem Begriffe eines Palimpsests aus dem 5. Jahrhundert.« Hier zeigt Tischendorf, wenn auch kühl, einmal eine sinnliche Regung, wenn er die materielle Anmutung der Uranios-Blätter beschreibt: »Namentlich fehlte daran völlig jene öfters von mir besprochene Ungleichheit der Blattseiten, durch welche sich fast ausschließlich bei den ältesten Handschriften die Haar- und die Fleischseite des zum Pergament verarbeiteten Felles unterscheidet.« Bald würde der Professor der Welt seine Fleischseite, seine epochale Entdeckung zeigen und sich als Saubermann präsentieren, als leuchtender Charakter, bei dem die

Natur alles gut und richtig gemacht hat, was ihr bei Konstantin Simonides abgeglitten und missraten ist.

Konstantin Tischendorf hat Simonides düpiert, ohne dass die beiden Schriftenjäger einander begegnet wären. Man wird noch voneinander hören.

Simonides kommt nach dem kurzen Münchner Intermezzo nie wieder nach Deutschland. Lykurgos geht nach Griechenland zurück und schlägt die kirchliche Laufbahn ein. Lepsius bricht im Frühjahr 1866 zu einer weiteren Expedition nach Ägypten auf. Dindorf führt seine Altertumsstudien fort. Er stirbt 1883 in Leipzig, nachdem er bei Börsenspekulationen sein gesamtes Vermögen und seine Bibliothek verloren hat.

DER ANDERE KONSTANTIN: PROFESSOR TISCHENDORFS SCHATZSUCHE

Tischendorfs Reisen zum Katharinenkloster auf dem Sinai. Er entdeckt den Codex Sinaiticus, die älteste Bibelhandschrift der Welt. Tischendorf trickst die Sinai-Mönche aus. Der Codex wird digitalisiert und im Internet wieder zusammengeführt.

Der ganze Berg Sinai aber rauchte, weil der HERR auf den Berg herabfuhr im Feuer; und der Rauch stieg auf wie der Rauch von einem Schmelzofen, und der ganze Berg bebte sehr.

2. BUCH MOSE, 18

FATHER Justins Bart reicht bis zum Bauch, sein mit grauen Strähnen durchsetztes Haar ist zu einem dicken Knoten zusammengebunden. Es klebt wie ein Schwalbennest am Hinterkopf dieses Hünen, den man für einen verspäteten Hippie halten könnte, trüge er nicht die schwarze Mönchskluft. Father Justin ist Amerikaner, geboren in Texas, neugeboren als griechisch-orthodoxer Mönch im Kloster, das den Namen der Märtyrerin Katharina von Alexandria trägt. Justin hat sich einen Traum erfüllt, so sagt er. Er lebt auf dem Sinai und wacht über die älteste Bücherei der Welt. In der Bergwüste, zu Füßen der Gipfel, wo Moses die Gesetzestafeln empfangen haben soll und Engel den Leichnam Katharinas bargen.

Seit dem sechsten Jahrhundert der christlichen Zeitrechnung wird das Katharinenkloster, eine Gründung des Kaisers Justinian, von Männern bewohnt, die sich nicht rasieren und sich nicht die Haare schneiden, Griechen zumeist. Nie hat dieses viereckige, gedrungene, etwas windschief wirkende Wüstenschloss leer gestanden, nie wurde es zerstört oder geplündert. Der Prophet Mohammed, so geht die Legende, hat selbst Anweisung gegeben, das Katharinenkloster zu schonen, zum Dank errichteten die Mönche damals innerhalb der dicken Klostermauern eine kleine Moschee und ein Minarett. In anderen Überlieferungen heißt es, das Minarett sei in größter Eile gebaut worden, als ein islamisches Heer im Anmarsch auf die Südspitze des Sinai war. Geschichten aus alttestamentarischer und neutestamentarischer Zeit überlagern sich hier. Im verwinkelten Innenhof hängt über einer Terrasse ein dickes, knorriges Gestrüpp – der Brennende Dornbusch, so wird es den Besuchern erzählt. Daneben ein Feuerlöscher älteren, wenn auch nicht biblischen Baujahrs. Ein paar Schritte weiter, ein paar Treppen hoch, und man steht in Father Justins staubdichter Computerzelle. Hier scannt der Bibliothekar vom Katharinenkloster zu Publikationszwecken alte Manuskripte ein, die nicht verliehen werden. Ein Mönch am Mac. Father Justin ist der Botschafter dieses Wüstenschiffs, das seit anderthalb Jahrtausenden hier vor Anker liegt, eingebettet in bizarre Bergmassive, die bei Sonnenuntergang und Sonnenaufgang wie Lava glühen. Er begleitet die Ikonen des Klosters auf ihren seltenen Reisen zum Getty-Museum in Los Angeles oder an die Royal Academy in London. Es sind die ältesten Ikonen der orthodoxen Kirche, untergebracht in einer klimatisierten Hochsicherheits-Schatzkammer; nur einige koptische Tafeln in Kairo könnten noch etwas älter sein.

Auf den Namen Konstantin Tischendorf sind die Mönche vom Sinai bis heute nicht gut zu sprechen. Nach orthodoxer Lesart hat der deutsche Theologe die älteste erhaltene Bibelhandschrift aus dem Katharinenkloster entwendet, den später nach seinem Fundort so genannten *Codex Sinaiticus*. Seinerzeit achteten die Mönche die alten Schriften gering, sie wussten nicht, was sie da auf morschen Regalen stapelten oder in kalten Wüstennächten ins Feuer warfen. Erst das aufdringliche Interesse der von weither anreisenden Gelehrten weckte bei den Gottesmännern die Besitzgier auf etwas, was sie faktisch, aber nicht intellektuell schon immer besessen hatten. Solch religiöse Wissbegier und Wissenschaftlichkeit, wie sie einen Tischendorf angetrieben haben, war den Mönchen fremd. Ihr Glaube bedurfte keiner philologischen Stütze, Gottes Wort klang in den Mauern, in den

Herzen fort, und diese griechischen Mönche hatten kein Verständnis für Übersetzungsprobleme der in ihrer Muttersprache überlieferten Heiligen Schrift. Father Justin weicht Fragen nach dem deutschen Gelehrten diplomatisch aus. Er ist ein Mann des 21. Jahrhunderts, und er beteiligt sich an diversen wissenschaftlichen Projekten, die mit seinem Kloster in Verbindung stehen. Er mag Verständnis haben für einen wie Tischendorf. Denn er ist selbst einmal einer inneren Stimme gefolgt, die ihn zum Sinai rief. Wenn man mit Father Justin, diesem schlanken, leicht vornüber gebeugten Riesen, gegen Abend auf dem Dach des Katharinenklosters steht, begreift man die Winzigkeit des Menschen in der Wüste, und zugleich die Wucht des Echos, die ein Wort Gottes in diesem zu Fels erstarrten aufgewühlten Meer auszulösen vermag.

Drei Mal reitet Tischendorf zum Sinai. 1844, 1853 und 1859. Der Kampf um die Sinai-Bibel prägt das Leben des 1815 in Lengenfeld, Vogtland, geborenen Schriftnarren. Ein Mann von gerader Überzeugung, das macht ihn so unheimlich. Auf all diesen gefährlichen, erschöpfenden und traumschönen Reisen im Mittelmeerraum, in Palästina und Ägypten, in Griechenland und der Türkei hat er nur Augen für alte Kirchenmanuskripte, die er überall vermutet. Schon mit 25 Jahren ist er Professor in Leipzig und Herausgeber des *Neuen Testaments* in griechischer Sprache. Er wird verspottet, weil die Mehrzahl der Gelehrten zu der Zeit die Bibel mehr oder weniger für ein zusammengewürfeltes Produkt des Zufalls hält, es fehlen die eindeutigen philologischen Beweise. Und Tischendorf will sie erbringen. Er ist zäh und unbeirrbar wie ein Reformator. Zehn Jahre vor Simonides durchstöbert er die Bibliotheken Europas nach alten Handschriften, um der Bibel ein wissenschaftliches Fundament zu schaffen. Papst Gregor XVI. gewährt dem deutschen Protestanten 1843 eine Audienz, aber den *Codex Vaticanus*, die damals älteste bekannte Bibelhandschrift, bekommt Tischendorf nur kurz zu sehen. Arbeiten darf er damit nicht.

Er muss anderswo graben. Er fasst den Entschluss, »nach dem Lande des Aufgangs« zu reisen, denn »die Geschichte der Kirche hat keinen Schauplatz, der großartiger wäre als das Morgenland«, schreibt er im März 1844 seinem Bruder Julius aus Livorno. Seiner Braut Angelika Zehme, die in den nächsten Jahren nicht viel von ihm sehen wird, offenbart er sich als schwärmerischer Kreuzfahrer: »Wie segnet mich Gott! Jerusalem wird um die Tage meiner Zukunft einen verklärenden Schimmer werfen. Die goldene Frucht dieser Reise hängt über einem Abgrund. Aber das ist es ja eben, was mich glücklich macht, dass ich die heiße Schlacht schlagen darf, aus der ich mit dem ewigen Lorbeer Segen erkämpfe für die Kirche, für die Wissenschaft, fürs Vaterland. Ginge ich unter, ich ginge im schönsten Streben unter.«

In Reiseberichten des 19. Jahrhunderts staunt man immer wieder über die unerschütterliche Arroganz, die europäische Abenteurer an den Tag legen. Als ließen sie das Unbekannte nicht an sich heran, mit Ignoranz scheinen sie die größten Gefahren zu bannen, sie reisen wie in einer Kapsel und suchen Erlebnisse, die ihre Erwartungen bestätigen. Kaum dass Tischendorf auf seinem Weg zum Sinai-Kloster nach rechts oder links schaut. Fremde Menschen, fremde Orte halten ihn nur auf. Widerwillig folgt er einer Einladung zu einem Opferfest der Beduinen, und er lehnt es ab, »mir ein Stück (Lammfleisch) nach eignem Gefallen zubereiten zu lassen«. Ein Unwetter zieht über der Wüste auf: »Unter solchem Himmel und in dieser Umgebung von Kamelen, Viehherden und Beduinen war es eben nicht leicht, eine gute Nacht zuzubringen.« Viehherden, Kamele, Beduinen – und als er endlich über eine Seilwinde in einem Korb in das Katharinenkloster gelangt, kümmert er sich kaum um seine Gastgeber. »Die achtzehn augenblicklich darin wohnenden Mönche tragen nichts weniger als die Spuren der Entbehrung an sich«, und »von gelehrten oder nur ähnlichen Studien sucht man vergebens bei den eigentlichen Klosterbrüdern eine Spur«. Der Anblick der Bibliothek ist für gelehrte Leipziger Augen eine Zumutung: »Man sieht mit Schmerz an teils zerstreut herumliegenden, teils zu Einbänden verbrauchten Blättern, wie barbarisch uralte kostbare Unzialmanuskripte durch die Unwissenheit und Sorglosigkeit der Klosterbewohner der Vernichtung preisgegeben worden sind.«

Tischendorf ist allerdings ein raffinierter Schwindler, wenn es um das Erreichen seiner Ziele geht, man darf sich von seiner freundlichen Naivität nicht täuschen lassen. Seine Geschichte von der Auffindung seiner Bibel klingt wie ein Märchen. Er wird den Bericht des italienischen Naturforschers Vitaliano Donati gekannt haben, der 1761 das Katharinenkloster besucht und von der Existenz einer prächtigen und offensichtlich sehr alten Bibelhandschrift berichtet hat. In einem Korb, der angeblich Altpapier für den Ofen enthält, entdeckt Tischendorf, wonach er sucht, weshalb er hier ist: ein Konvolut von biblisch altem Pergament. Kyrillos, der alte Bibliothekar, ein Mönch vom Berg Athos, schenkt ihm 43 der insgesamt 129 Blätter. Der Theologe hat sofort die Ancienniät des Materials erkannt, und aus seiner Schilderung des Funds hört man ein unterdrücktes *Heureka!* heraus. Kyrillos hält die anderen 86 Blätter zurück, erschrocken über die Begeisterung, die der alte Kram bei seinem Gast auslöst, oder auch nur aus einer Laune heraus, weil das Märchen dem Helden unerklärliche Prüfungen auferlegt. Es gibt keine Zeugen und umso mehr Rätsel.

Tischendorf reist sogleich nach Kairo ab, mit dem Grundstock des künftigen *Codex Sinaiticus* im Gepäck. Dem alten Kyrillos nimmt er das heilige Versprechen ab, die zurückbleibenden 86 Blätter zu behüten. Er sagt, er werde wiederkommen. Eine seltsame Fügung: Drei Mal reitet er zum Sinaikloster, und beim ersten Mal nimmt er exakt ein Drittel der kostbaren Blätter an sich. Auch beim dritten Anlauf spielt die Zahl drei, auf die Blätter bezogen, eine entscheidende Rolle.

Wenn er andernorts andeutet, wie geldgierig die Sinaimönche waren, korrumpiert schon von Touristen aus dem Norden, warum hat er ihnen nicht auf Anhieb den ganzen Korb abgekauft? Er weiß, was er in Händen hält – schwer vorstellbar, dass er nun wieder abreist ins ferne Deutschland und zurücklässt, was ihm wie der goldene Gral erscheinen muss, eine antike Bibelhandschrift. Man würde verstehen, wenn es sich anders abgespielt hätte, nach all den Strapazen: Tischendorf entdeckt in der heruntergekommenen Klosterbibliothek auf dem Sinai unschätzbar wertvolle Pergamente, lässt sie verschwinden und macht sich aus dem Staub. Später kehrt er zum Sinai zurück, in der Hoffnung auf weitere Funde. Der Ort des Verbrechens, des Versprechens lässt ihn nicht mehr los.

Sein Ruhm jedenfalls wächst. In Leipzig publiziert er im Faksimile die 43 Blätter aus dem Katharinenkloster – Geschichts- und Prophetenbücher aus dem Alten Testament – unter dem Titel *Codex Friderico-Augustanus*, zu Ehren des sächsischen Königs. Tischendorf versteht es, Potentaten zu erfreuen. Er braucht Geldgeber für neue Expeditionen. Den Fundort der Blätter hält er geheim, die Rede ist von einem »Kloster im Morgenlande«. Niemand soll auf den Sinai aufmerksam werden, die endgültige und vollständige Entdeckung der Handschrift ist ihm vorbehalten, eine himmlische Braut, die seiner harrt in einer verschlossenen Burg, in einem exotischen Land: Seine irdische Braut Angelika heiratet er nach vierjähriger Abwesenheit im September 1845. Im Jahr darauf erscheint bei Tauchnitz seine *Reise in den Orient*, das Buch wird von Kennern der Region wegen seiner Oberflächlichkeiten in der Luft zerrissen. Schlechte Nachrichten kommen auch aus Kairo. Monsieur Pruner-Bey, französischer Leibarzt des Vizekönigs von Ägypten, ein Freund Tischendorfs, schreibt: »Seit Ihrer Abreise vom Kloster weiß man daselbst sehr wohl, dass es einen Schatz besitzt. Je mehr Sie bieten, umso weniger wird man die Handschrift abtreten.«

Es schließt sich eines der heftigsten Bietgefechte der Buchgeschichte daran an.

Die zweite Reise zum Sinai wird ein Fehlschlag. Diesmal zahlt die sächsische Staatskasse die Reisekosten. Anfang Februar 1853 ist Tischendorf wieder auf dem Sinai. Kyrillos, der alte und neun Jahre zuvor schon nahezu blinde Bibliothekar des Katharinenklosters, lebt noch. Niemand weiß vom Verbleib der 86 Blätter, niemand hat je etwas davon gehört. Nur einen Fingerzeig bekommt Tischendorf, denn er soll so ja ein drittes Mal das Kloster besuchen, wie es sich im Märchen gehört: In einem Buch mit griechischen Heiligengeschichten stößt er auf ein Lesezeichen, auf dem er die Schrift *seiner* Blätter wiedererkennt, die Unzialschrift, die griechischen Großbuchstaben ohne Worttrennung und Akzente. Tischendorf, der nun in seinem Sammel- und Publikationstrieb sehr an Simonides erinnert, hält sich auf dieser zweiten Reise mit Manuskriptfunden in Kairo, Alexandria, Jerusalem, Smyrna, Konstantinopel und auf dem Berg Athos schadlos.

Die dritte Sinai-Reise stellt alles Vorherige in den Schatten. Tischendorf begeistert den russischen Zaren Alexander II. für das Unternehmen, und Sankt Petersburg macht für die orthodoxe Sache die gewünschten Mittel locker. Tischendorf zieht als offizieller Gesandter des Zarenhofs nach Süden. Er kennt den Weg, die Transportmittel haben sich seit der ersten Expedition vor fünfzehn Jahren erheblich verbessert, nach vier Wochen bereits begrüßt er den inzwischen fast vollständig erblindeten Kyrillos in der Klosterbibliothek am Fuß des Moses-Bergs, den Tischendorf erneut besteigt. Da verbringt er eine Woche vergeblichen Suchens und Fragens und Forschens und Bettelns, keine Spur von den 86 Blättern. Am Vorabend der Abreise, alle Hoffnungen sind perdu, passiert das Wunder, fügt sich das Märchen. Es gibt ja keine Zeugen, nur die Berichte des Orientreisenden Konstantin Tischendorf.

4. Februar 1859. Die Entscheidung. Ein junger Mönch aus Athen, offenbar beeindruckt von der Leidenschaft seines Gastes, der immerzu von seinem »Lebenswerk« spricht, bringt ihm, »eingeschlagen in ein rotes Tuch«, einen Stapel Manuskripte. Es sind nicht nur die erhofften 86 Seiten, die er 1844 zurücklassen musste, beim ersten Besuch. Es sind drei Mal so viele Seiten. 347 Blätter derselben Unzialschrift. Das gesamte *Neue Testament*, und der seit vielen Jahrhunderten verschollene Barnabas-Brief. »Das große, herrliche Manuskript – 347 Folioblätter, jedes mit 8 Columnen, alles in allem über 132 000 kurze Zeilen.«

Eine Offenbarung. Und ein stummes Massaker, dieser *Codex Sinaiticus*, wie er von dem Tag an heißt. Ein Meer von getrocknetem Blut. Für die Herstellung von zwei Seiten Pergament wurde das Fell einer Gazelle verbraucht, das macht bei 347 Seiten eine gewaltige Herde von Kadavern. Im großen vorchristlichen Bücherkrieg zwischen Alexandria und Pergamon waren die Tiere zwischen die Fronten geraten und kamen seither unters Messer. Alexandria hatte die Papyrusausfuhr gestoppt, um die aufstrebende Bibliothek von Pergamon vom Nachschub neuer Bücher abzuschneiden. Ohne Papyrus keine Schriftrollen. Ein Hirte soll sehr reich geworden sein, als er dem König von Pergamon mit der Idee kam, die ohnehin geschmeidigeren und haltbareren Häute von Ziegen, Schafen und Kälbern als Schreibmaterial zu benutzen. Damast aus Damaskus, Pergament aus Pergamon! Auch Tischendorf fühlt sich wie ein König: »Was mir nicht Ruhe gelassen hat zuhause, […] das war der Ruf des Herrn.« Moses musste lange auf dem Berggipfel ausharren, bis die Gesetzestafeln auf ihn kamen. Tischendorf reist in fünfzehn Jahren drei Mal zum Kloster unterhalb des Dschebel Musa, wie der Berg auf Arabisch heißt, bis man ihm schließlich die älteste existierende Bibelhandschrift überreicht. Zwei Geschichten, ein Drehbuch.

Beim Abschied vom Sinaikloster wird die Flagge des Zaren aufgezogen und Salut geschossen. Tischendorf, noch immer ein schlechter und unbequemer Reiter, klettert aufs Kamel, ohne den Codex. Die 347 Blätter werden ihm leihweise nach Kairo nachgeschickt. Er ist berauscht von dem »herrlichen Erfolg, der meine Reise unvergesslich in den Annalen der christlichen Literatur machen wird«.

Auch die Sinaimönche haben nicht vergessen: Die Leihgabe wandert im Oktober 1859 nach St. Petersburg. Zehn Jahre später, nach endlosen diplomatischen Verwicklungen, wird das Verschwinden des Konvoluts mit einem »Gegengeschenk« von 9000 Goldrubeln kompensiert. Tischendorf präsentiert am Zarenhof die Prachtausgabe des *Codex Sinaiticus* in vier Foliobänden Kupferdruckpapier, ein Meisterwerk der Leipziger Firmen Giesecke & Devrient und Ferdinand Flinsch. Man feiert das Osterfest.

Die Herstellung war ein typografisch-drucktechnischer Pyramidenbau en miniature, eine zweite Schöpfung. Die Bibelhandschrift wurde fotografiert, danach Stempel mit dem laufenden Text geschnitten. Randbemerkungen, Überschriften und Beischriften erforderten eigene Alphabete. Eine Höllenarbeit war die Wiedergabe des exakten Abstands zwischen den Buchstaben. Ludwig Schneller schreibt in seinen *Tischendorf-Erinnerungen*: »Diese Entfernung der Buchstaben voneinander wurde durch Einschiebung von feinsten Metallblättchen zwischen den einzelnen Typen bewirkt. Jede einzelne Seite ergab durchschnittlich 1200 solcher Zwischenräume mit mehr als 2500 Blättchen.« Tischendorf hatte sich gegen eine rein fotografische Wiedergabe der Blätter entschieden, die noch junge Fototechnik hätte die oftmals verblassten Schriftzüge nicht gut wiedergegeben, und die Operation Sinaiticus wäre noch aufwändiger und kostspieliger gewesen. Es dauert zwei Jahre: Im Oktober 1862 werden 300 Prachtausgaben des *Codex Sinaiticus* ausgeliefert, die Mehrzahl geht als Geschenk des Zaren in alle Welt, an die »Bibliotheken der Christenheit«.

Fragwürdig bleibt bis heute der Erwerb des Originals durch Tischendorf. Orthodoxe Kirchenvertreter der Levante fühlten sich von Tischendorf und seinen russischen Freunden bestohlen. Die Geschichte scheint ihnen Recht zu geben. 1933 verkauft die Sowjetunion – Stalin brauchte Devisen – das Gros der Originalblätter für die gigantische Summe von 100 000 Pfund Sterling an das British Museum in London. So ist der *Codex Sinaiticus* – nach späteren Funden – jetzt über vier Städte verteilt: 347 Blätter in London, 43 Blätter in der Leipziger Universitätsbibliothek, 12 Blätter und 24 Fragmente im Katharinenkloster und 5 unvollständige Blätter in der Russischen Nationalbibliothek Sankt Petersburg.

Die Wiedervereinigung findet im Himmel statt. In den unendlichen, flirrenden Sphären des Internet. Seit Juli 2008 ist die Website *www.codexsinaiticus.org* freigeschaltet. Die vier Aufbewahrungsorte haben sich zu einem herausragenden internationalen Forschungsprojekt zusammengeschlossen. Nach Konservierung und »Stabilisierung für die Fotografie« werden sämtliche Seiten des Codex digitalisiert, mit einer »detaillierten physischen Beschreibung« eines jeden Blatts. Am Ende der Reise springen die Tiere, die vor 1600 Jahren für die Niederschrift einer griechischen Bibel geschlachtet wurden, interaktiv durchs Netz, lässt sich der Codex von jedermann betrachten und studieren. Father Justin, ein digitaler Moses, gehört zu den ständigen Mitarbeitern der Projektgruppe. Klickt man auf den Link zur Homepage des Katharinenklosters, begegnet man auch Konstantin Tischendorf wieder – und seinen »Lügen«. Beide Seiten haben sich in Widersprüche verwickelt, von Anfang an. In Moskau soll eine Schenkungsurkunde des Codex aufgetaucht sein. Tischendorf hat gestohlen, die Mönche haben kassiert. So hat der Codex überlebt.

COSÌ FAN TUTTI: VORLÄUFER UND KOLLEGEN DES SIMONIDES

Fälscher haben immer Konjunktur: Kurze Geschichte eines beliebten literarischen Genres von der Antike bis heute. Wenn es gefällt, dann schadet es auch nichts.

Wie Feinstaub liegt die Fälscherei in der intellektuellen Sphäre und auf dem Boulevard. Es wird immer gern genommen, die Auflage steigt. Nach dem alten Journalistenspruch, dass Recherche die schönsten Geschichten kaputtmacht. Konrad Kujaus Hitler-Tagebücher im *Stern*, Tom Kummers fingierte Hollywood-Interviews in der *Süddeutschen Zeitung* haben im Grunde – die Glaubwürdigkeit der Presseorgane war bald wiederhergestellt – niemanden nachhaltig geschädigt. Adolf Hitler als lächerliche Person, das hat ja auch etwas Aufklärerisches, Befreiendes.

Das macht 1805 auch ein gewisser William Henry Ireland, Sohn eines bekannten Buchhändlers, für sich geltend – es sei durch ihn doch keinerlei Verlust entstanden. Einige Jahre zuvor ist er als Entdecker eines bis dato unbekannten Dramas von Shakespeare an die Öffentlichkeit getreten, *Vortigern and Rowena*. Das Stück kommt aus der Tiefe englischer Geschichte und Mythologie, es dreht sich, mit der vollen Ladung Romantik, um einen walisischen Krieger und seine Königin, anknüpfend an die Shakespeare'schen Königsdramen. Londons Impresarios reißen sich um das Werk.

Am 2. April 1796 erlebt *Vortigern and Rowena* in Drury Lane seine Uraufführung, vor überfüllten Rängen. Zwar hat es vorher einiges Geraune über die Herkunft des Textes gegeben, und nach sportlicher britischer Art Wetten für und wider die Echtheit, aber man will, so oder so, die Sensation nicht verpassen. Ein Staraufgebot von Schauspielern steht auf der Bühne. Und das Drama nimmt seinen Lauf. Im ersten und zweiten Akt bleibt es einigermaßen ruhig, im dritten allerdings kommt Unruhe auf, vereinzeltes Gelächter, im fünften Akt bricht das Geheul los, das Publikum ist nicht mehr zu halten. Als Theatergänger heute kann man von solchen Highlights nur träumen. John Philip Kemble, der Hauptdarsteller, hat sich den Höhepunkt mit sicherem Gespür für Text und Wirkung aufgespart. Und man muss dem gerade mal 19-jährigen Autor William Henry Ireland, von wegen *Entdecker*, auch einen Sinn für Komik zugestehen, in all seinem Shakespeare-Wahn. In dem wild-feierlichen Monolog des Vortigern folgt nun der Satz »And when this solemn mockery is ended«. Kemble dehnt und zerkaut genüsslich jede Silbe. Nicht einfach zu übersetzen, diese Sollbruchstelle. *Solemn*: in der Tat feierlich, ernst, ein adjektivisches Schwergewicht. *Mockery*: Schwindel, Farce, ein absurdes und gezieltes Missverständnis. *Und wenn dieser Riesenschwindel auffliegt*; so etwa. Der Schauspieler Kemble bringt mit ein paar wohl gesetzten Worten – original W. H. Ireland – Drury Lane zum Beben. Minutenlang Applaus, Gebrüll, die Zuschauer sind aufgesprungen. Als wieder Ruhe einkehrt, geht Kemble an die Rampe, setzt eine ernste Miene auf, atmet hörbar ein und spricht direkt ins Publikum: »And when this solemn mockery is ended«. Der Rest ist Empörung. Und Party.

William Henry Ireland hatte es zuvor schon versucht. Er schleppte neu entdeckte Fassungen von *King Lear* und *Hamlet* an, einen *Henry II* und einen *William the Conqueror*. Seine Viertelstunde Ruhm hat er gehabt, und keinen nennenswerten finanziellen Vorteil. *Vortigern and Rowena* wird sofort abgesetzt.

Così fan tutti. Fälscher machen keine Pause. Sie können es nicht lassen. Und immer wieder Alexandria, die Stadt der großen, untergegangenen Bibliothek. David, ein alexandrinischer Philosoph, er lebt im sechsten und siebten Jahrhundert nach Christus, bemüht sich, wie Christian Gastgeber im Katalog zur Wiener Ausstellung »Kopie und Fälschung« schreibt, um eine »Systematik der Fälschungen«. Vier Kategorien kommen dabei in Betracht. Erstens: Eine Schrift oder ein Verfasser tragen denselben Namen oder Titel, die sogenannte Homonymie. Zweitens:

Jemand benutzt aus Ruhmsucht für seine Arbeit den Namen eines bekannten Verfassers. Drittens: Angebot und Nachfrage. In Athen sollten einst, im sechsten vorchristlichen Jahrhundert, sämtliche Homerischen Dichtungen gesammelt werden, was dazu führte, dass Verse Homers in rauen Mengen auftauchten. Viertens: Philosophieschüler veröffentlichen unter dem Namen ihres Lehrmeisters, um ihn zu ehren und ihren Respekt zu bezeugen. (Das läuft an heutigen Universitäten eher umgekehrt: Professoren benutzen die Arbeit ihrer Studenten.)

In Prag macht sich 1818 Wenzelslaus Hanka, ein Philologe, mit der Herausgabe altböhmischer Dichtung aus dem 13. und 14. Jahrhundert einen Namen. *Kralodworsky Rukopis* nennt sich die Sammlung, die auch ins Deutsche übersetzt wird. Hankas Motiv: Nationalstolz; ein wenig wie bei Simonides. Er wollte seiner Heimat eine literarische Tradition vermitteln, die es nicht hatte. Die offensichtliche Fälschung aber hat seiner wissenschaftlichen und politischen Karriere keinen Abbruch getan; er stirbt hoch dekoriert in seinem dankbaren Böhmen. Von Major Byron war schon die Rede, aber die Kette der Fälschungen reißt nicht ab, je weiter man in die Vergangenheit zurückgeht.

Johans a la Barbe, oder Jehan de Bourgogne, ein Arzt, gesteht 1372 auf seinem Sterbebett in Lüttich, *The Travels of Sir John Mandeville* verfasst zu haben. Ein berühmtes, in viele Sprachen übersetztes und heute noch verlegtes Buch, der sogenannte englische Ritter will bis in die Türkei und nach China, Russland und Indien gekommen sein. Ein Pendant zu den Reisebeschreibungen des ein Jahrhundert älteren Marco Polo, dem die orientalische Phantasie auch ständig durchgeht. Annius von Viterbo, geboren 1432 und im Alter von 70 Jahren von den Borgia vergiftet, wie es heißt, ist Dominikaner, ein Karrieremönch. Er schafft es bis in höchste Positionen im Vatikan, unter dem leichtlebigen Papst Alexander VI. 1498 veröffentlicht Annius ein Buch mit dem Titel *De Commentariis Antiquitatum*, eine Sammlung bahnbrechender alter Schriften diverser antiker Autoren, die urplötzlich in italienischen Klosterbibliotheken aufgetaucht sind. Die Berichte drehen sich um die griechische und etruskische Besiedlung Italiens, in den *Commentariis* sind aber auch bislang unbekannte Fragmente von Cato (*ceterum censeo …*) enthalten. Und historische Schriften eines altbabylonischen Priesters namens Berosus, der wiederum von einem persischen Historiker namens Metasthenes als unglaubwürdig bezeichnet wird – in derselben sensationellen Publikation des Annius von Viterbo. Sie enthält außerdem noch – das komplette Programm also – altägyptische Historien.

Der Humanismus gilt als Blütezeit für Fälscher, gleichzeitig beginnt man das systemimmanente Problem zu bekämpfen. Annius löste heftige Kontroversen aus, bis ins 19. Jahrhundert hinein, als man seine Editionen, wie es in einer italienischen Literaturgeschichte heißt, »zum Lachen« findet. In der Zwischenzeit aber haben sich etliche Autoren auf ihn bezogen, ihn zitiert, und wiederum kommentiert. Ein Stein mit vorzeitlichen Inschriften, ausgegraben bei Viterbo, schafft es dort bis ins Museum. Die Inschriften sollen bezeugen, dass Viterbo von Isis und Osiris, aus der ägyptischen Götterfamilie, gegründet wurde, zweitausend Jahre vor der Gründung Roms. Annius war nicht nur ein visionärer Schriftsteller, sondern konnte auch mit Schaufel und Hacke umgehen und wusste genau, wo Altertümer vergraben liegen. Auch der Berg Athos darf nicht fehlen. Wegen drückender Schulden legt das Kloster Xeropotamou im 18. Jahrhundert über tausend Jahre alte Privilegienurkunden, gesiegelt von byzantinischen Kaisern, vor. Daraus sollen sich finanzielle Zuwendungen und Steuerfreiheit herleiten.

Zum Lachen? Viele dieser Geschichten von Fälschungen und Fälschern haben einen *comic relief* am Ende. Nicht, dass sie unbedingt gut ausgehen – andererseits auch nicht tragisch. William Henry Ireland, der Shakespeare-Imitator, mag ein von Ehrgeiz zerfressener junger Mann gewesen sein, doch er produziert, mit Hilfe der neugierigen Öffentlichkeit, eine Komödie. Eine großartige Farce allemal. Konrad Kujau ebenfalls, er liefert Helmut Dietl den Stoff für die Kino-Komödie »Schtonk!«

Ein großer literarischer Spinner, Fälscher, Betrüger und todernster Spaßvogel kommt aus Frankreich, ein Zeitgenosse von Konstantin Simonides: Vrain-Denis Lucas. 1870 wird er in Paris zu zwei Jahren Haft und 500 Francs Geldstrafe verurteilt. Eine lächerliche Summe. Vrain-Denis Lucas hat über die Jahre einen Sammler namens Michel Chasles um 140 000 Francs erleichtert – und ihm dafür sage und schreibe 27 000 Autographe geliefert, sämtlich gefälscht. Wer hier die Höchststrafe verdient, ist klar; jedenfalls nicht der Falsifikateur und Fabrikant Lucas.

Chasles, Mitglied der Akademie der Wissenschaften, will der ehrwürdigen Institution 1867, zum 200-jährigen Bestehen, ein großzügiges Geschenk machen. Es handelt sich zunächst um Briefe des Philosophen Blaise Pascal, andere Kostbarkeiten folgen. Der Skandal kommt ins Rollen, peinliche Debatten schließen sich an, in monatelangen Prüfungen und Sichtungen kommt der gigantische Plunder ans Tageslicht. 3000 Briefe von Galileo Galilei (Lucas hat eine Schwäche für Physiker, wie sein Auftraggeber). 1700 von Blaise Pascal. Über 600 Briefe von Isaac Newton. Weitere prominente Briefeschreiber der einmaligen Sammlung: Alexander der Große, Ignatius von Loyola, Kepler. Niccolo Machiavelli. Montaigne. Pontius Pilatus. Karl der Große ist mit 135 Briefen vertreten, Rubens mit einem, ebenso der Prophet Mohammed, der antike Geograph Strabo mit zwei. Es fehlt keiner, und keine: Sappho schreibt an ihre Geliebte, Caesar an Vercingetorix, Heloïse an Abelard, Rabelais an Martin Luther, Jeanne d'Arc an die Bürger von Paris, Cleopatra an Caesar, ad infinitum.

Eine besondere Perle in der Lucas-Weltgeschichte ist die Korrespondenz von Maria Magdalena. Sie berichtet ihrem Bruder Lazarus, es ist das Jahr 46, von einer Reise nach Gallien, die

Menschen dort seien doch sehr nett, und überhaupt keine Barbaren. Lazarus (ja, der vom Tod Auferweckte) schreibt anno domini 47 an den Apostel Petrus über die Lektüre von Caesar und Cicero und die grausamen Menschenopfer der Druidenreligion. Vrain-Denis Lucas, ein wahrer Vorläufer von Asterix und Obelix.

Er kommt aus der Provinz, aus einfachen Verhältnissen, liebt die Poesie und die Geschichte, und strebt vergeblich eine Laufbahn als Bibliothekar oder Antiquar an. Man weist ihn ab, weil er kein Latein kann. Im Büro eines gewissen Letellier kann er reüssieren: Pariser Bürger bestellen dort ihre Stammbäume, und so lernt Lucas mit der Recherche das Retuschieren. Mit Chasles kommt er 1861 in Kontakt, er macht dem bekannten Mathematiker und Astronom auch gleich viel Freude. Denn Lucas (die Geschichte ist lang und verworren) soll im Auftrag eines verarmten Adligen wertvolle, bei einem Schiffsunglück verloren geglaubte und kürzlich wieder aufgetauchte Dokumente verkaufen. Hauptattraktion: die Briefe von Pascal. Aus einem geht hervor, dass der Franzose das Gesetz der Schwerkraft 35 Jahre vor Sir Isaac Newton entdeckt hat, im Jahre 1652, um genau zu sein …

Quantitativ ist Lucas der massivste Fälscher. Die Qualität seiner »Briefe« aber gilt als äußerst bescheiden. Er tat es aus Geltungssucht und Geldgier, und er hat immer nur an den einen Monsieur Chasles verkauft, den naiv zu nennen eine massive Untertreibung darstellt. Wenn die Lebensgeschichte des Konstantin Simonides auf eine Tragödie zuläuft, dann liefert Vrain-Denis Lucas, wie im antiken griechischen Theater, die Komödie. Im Satyrspiel zwischendurch sehen wir dann immer auch: Simonides. Er beherrscht die diversen Genres.

CHARLES STEWARTS MYSTERIÖSE BIOGRAPHIE

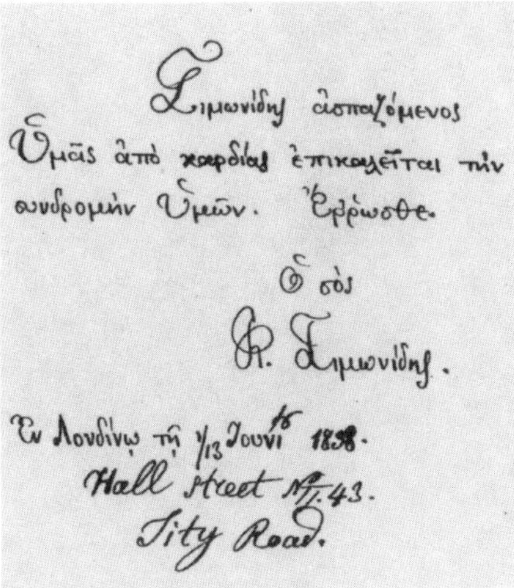

Σιμωνίδης ἀσπαζόμενος
ὑμᾶς ἀπὸ καρδίας ἐπικαλεῖται τὴν
συνδρομὴν ὑμῶν. Ἔρρωσθε.
ὁ σὸς
Κ. Σιμωνίδης.
Ἐν Λονδίνῳ τῇ 1/13 Ἰουνί 1858.
Hall Street N. 43.
City Road.

In England erscheint ein Buch über Konstantin Simonides, eine »Verteidigung der Echtheit seiner Manuskripte«. Der Verfasser Charles Stewart macht sich verdächtig und ist doch nicht auffindbar.

ALLES bisher Geschriebene Makulatur? Alles Irrtum, Verleumdung, was man bis hierhin über Konstantin Simonides gelesen hat?

Bei J. Skeet, London, Catherine Street, Strand (wo in der Ballade von Mackie Messer eines Tages ein toter Mann liegt), erscheint 1859 ein schmales, fein gebundenes Buch von 80 Seiten mit einem stattlich-langen Titel. Gedruckt von E. Lewis, Observer Office, King Street (North Street), Brighton:

> A BIOGRAPHICAL MEMOIR of CONSTANTINE SIMONIDES, Dr. Ph., of STAGEIRA, with a BRIEF DEFENCE of the AUTHENTICITY OF HIS MANUSCRIPTS – BY CHARLES STEWART.

Ein biographischer Abriss, dazu eine Verteidigung der Echtheit seiner Manuskripte. Von Charles Stewart. Der Autor kommt sogleich zur Sache, ohne jede Umschweife: »Das einzige Ziel der folgenden Seiten ist es, die Reputation eines guten Freundes wiederherzustellen, der durch üble Nachrede aufs Ungehörigste beschädigt worden ist.« Also ein Freundschaftsdienst. So geht es auf der ersten Seite weiter, recht gesalbt: Simonides habe sich mit mehreren Mitgliedern der Familie Stewart von Anfang an aufs Trefflichste verstanden, daraus sei eine tiefe Freundschaft entstanden. Das ihm angetane Unrecht – es schwingt der Vorwurf der Fremdenfeindlichkeit mit – müsse wiedergutgemacht werden. Simonides selbst sei zu bescheiden und zu nobel, sich dagegen zur Wehr zu setzen.

Der Tenor ist klar: Simonides verdient in allen Punkten Freispruch und Rehabilitation, seine hohe Bildung steht außer Frage, sein Portfolio genügt höchsten wissenschaftlichen Ansprüchen, sein Idealismus ist unanfechtbar, seine Integrität unerschütterlich, er ist frei von »pekuniären Interessen« und auf Grund seines Charakters gar nicht in der Lage, eine unehrenhafte Tat zu begehen. Daraus folgt, so wird man hinzufügen müssen, der logische Schluss, dass alles über Simonides Gesagte, egal von wem und wo, nur Lug und Trug sein kann. Charles Stewart aber weiß, wovon er spricht. Und er verspricht, sich mit jedwedem Zweifel an der »Wahrhaftigkeit seiner Ausführungen« auseinanderzusetzen und seine Quellen offenzulegen, sollte ein Leser eine Frage an ihn richten.

Die Auflage des *Biographical Memoir* soll bei hundert Stück gelegen haben, Simonides verteilt sie an Freund und Feind. Er hat die Angewohnheit, von Zeitschriften und Zeitungen, in denen sein Name erwähnt wird, so viele Exemplare wie möglich aufzukaufen. Dies aber ist nicht bloß ein Artikel, sondern ein vorzeigbares Buch, es erheischt Respekt. Und in diesem Buch, das heute nur noch in wenigen Bibliotheksexemplaren existiert, verbirgt sich eine der aufregendsten Operationen der Buchgeschichte.

Man kann sich dem *Memoir* von verschiedenen Seiten nähern; die Verblüffung wird nicht geringer. Aus dem Vorwort wurde schon zitiert. Der Appendix bietet ebenso heftige Lektüre. Da geht es um Simonides' Vater, einen hoch dekorierten Helden des griechischen Befreiungskampfes. Auf eigene Kosten hat er, so ist zu erfahren, auf Symi Schiffe ausgerüstet, die 1821 das türkische Festland attackierten. Er wird verwundet, flieht nach Zypern, wo er sich der griechischen Flotte anschließt und den Türken wiederum großen Schaden zufügt, bis nach Syrien hinein. Auf Hydra erholt er sich, um nach Symi zurückzukehren und eine hoch angesehene Frau zu heiraten, die ein großes Vermögen mit in die Ehe bringt. Am 11. November 1824 kommt Sohn Konstantin zur Welt, das ist doch einmal eine saubere Angabe, und bald darauf bricht der Vater mit einem Munitionstransport nach Nordgriechenland auf, um den Kampf gegen die Besatzungsmacht in Makedonien weiterzuführen, die er gleichsam im Alleingang besiegt …

Das muss fürs Erste reichen. Charles Stewart, ein wirklich guter und enger Freund. Die Reaktionen auf das Buch zeigen aber nicht den gewünschten Effekt. Im *Literary Churchman* macht sich der Rezensent Gedanken über die Identität des Autors. Zunächst habe man geglaubt, es handele sich um »Mr. Stewart«, einen bekannten Verleger ausländischer Literatur. Aber der weiß von nichts. Und Charles Stewart hat nie ein anderes Buch geschrieben, vorher nicht und nachher nicht, und ist auch sonst nicht als Autor in Erscheinung getreten. Simonides, doch nicht ganz so scheu, wie Stewart behauptet, antwortet in derselben Zeitschrift: »Mein Biograph ist Mr. Charles Steuart [sic!], wohnhaft in Brighton, 41, Great Percystreet, Islington.«

An anderer Stelle sagt Simonides, Stewart habe das Buch ohne sein Wissen, aber in bester Absicht verfasst, einige darin enthaltene Fehler und Ungenauigkeiten habe er, Simonides, deshalb nicht zu verantworten. Eine tollkühne Volte! Es dämmert allmählich: Simonides und Stewart stehen einander näher, als es den Anschein haben soll.

Tregelles, der in England tätige griechische Gelehrte, macht sich auch so seine Gedanken. Ihm fällt im *Memoir* der Name *Sturdzas* auf. Sturdzas, oder Sturdza, ist der Name eines Offiziers in russischen Diensten, bei ihm will Simonides in seinen Studienjahren großzügige Protektion erfahren haben. So steht es im *Biographical Memoir*. Sturdzas aber, argumentiert Tregelles in einem Leserbrief an den *Guardian*, ist die griechische Entsprechung von – Stewart! Scarlatus Sturdzas – Charles Stewart!

Tregelles schreibt mit beißendem Spott: Der Autor des *Memoir*, Scarlatus Sturdzas oder Charles Stewart, möge doch, wie versprochen, die Ungereimtheiten in griechischer Sprache erklären, es gebe offensichtlich Übersetzungsprobleme ins Englische.

Den letzten, entscheidenden Schritt macht Tregelles allerdings nicht. Vielleicht liegt es auch allzu deutlich auf der Hand. Charles Stewart und Constantine Simonides, in der englischen Schreibweise. Dieselben Initialen: C.S. Der *Biographical Memoir* entpuppt sich als Autobiographie. Simonides und Stewart sind identisch, der Grieche hat das Werk, diesen grandiosen Bluff, selbst geschrieben.

So weit ist noch kein Fälscher gegangen, und warum auch? Hier verschafft sich keiner einen gefälschten Pass oder segelt unter falschem Namen. Hier wird mit der Wahrheit gelogen, mit Fakten und Geschichten, die der Verfasser für wahr hält. Wie lautet das Motto auf dem Titelblatt des *Memoir*? »Die größten Geschenke, die die Götter den Menschen gemacht haben, sind Wahrhaftigkeit und Wohltätigkeit. Pythagoras.« Die weit gespannte griechische Brücke: von der klassischen Philosophie zur christlichen Ethik.

Der Aufwand ist beträchtlich, an Arbeitsstunden (Simonides operiert in einer fremden Sprache) und finanziell. Er zahlt den Druck des Buchs aus eigener Tasche. Und die *Herstellung* des Manuskripts ist für ihn ungewohnt: Er muss nur schreiben, und darin besteht die Schwierigkeit. Stilistisch lehnt sich der *Memoir* im ersten Teil, der »Biographie«, den salbungsvollen Heiligenlegenden an, mit einem manchmal anklingenden aggressiven Unterton, der sich gegen die »Ungläubigen« richtet. Im zweiten Teil weht der staubtrockene Wind einer altphilologischen Abhandlung. Sein bewährtes Handwerkszeug hilft ihm hier nicht; die Athos-Tinte, der weiche Stein, mit dem alte Pergamente aufgeraut werden, und das Tabakswasser, in das sie eingelegt werden, um die besondere Gilbung und Wellung der Jahrhunderte zu bekommen. Noch etwas unterscheidet das Werk von allen anderen seines Schöpfers – es darf nicht alt, es muss frisch sein, sonst hat es keine Aussagekraft. Und es muss ein englisches Buch sein; bei einer griechischen Publikation über Simonides hätte das

Publikum sofort Verdacht geschöpft. Eine respektable intellektuelle Leistung, seine raffinierteste Fälschung. Charles Stewart hat nicht existiert, jedenfalls nicht als Buchautor.

J.A. Farrer hingegen zählt mit seinem Band über *Literary Forgeries* (London, New York, Bombay and Calcutta, 1907) zu den profunden Kennern und Klassikern des Fälschergenres, dieser »obskuren Pfade der Literatur«, wie Andrew Lang in seinem Vorwort schreibt. Farrer gilt als akademisch seriöse Quelle. Es gibt in diesem viel zitierten Buch freilich auch ein paar obskure Dinge. Über Farrers Hintergrund erfährt man nichts, wohl aber über Andrew Lang. Am Ende des Buchs findet sich eine ganze Seite mit Hinweisen auf Langs Publikationen. Sie beschäftigen sich ausnahmslos mit (Geistes-)Geschichte und – Büchern. *Adventures among Books, Book of Dreams and Ghosts, Letters to Dead Authors, Magic and Religion, Modern Mythology, Books and Bookmen*. So viel nur. Es keimt schon ein Verdacht, man ist inzwischen sensibilisiert: J.A. Farrer und Andrew Lang verstanden sich so gut und arbeiteten womöglich auch so eng zusammen wie Stewart und Simonides.

Auf Seite 57ff. zitiert Farrer ausführlich aus einem Brief von Charles Stewart, es folgt eine ausführliche Beschreibung des Griechen. Stewart schreibt: »Er war einer der bemerkenswertesten Männer, die ich je gesehen habe. Sein Körperbau war von mittlerer Größe, und er schien aus nichts als Knochen und Muskeln zu bestehen. Sein Schnurrbart war immens; seine Augenbrauen mächtig und schwarz; sein Haar eine enorme Lockenmasse; die Augen tief eingesunken, der Blick feurig und stechend; mit den großen und fein geschnittenen Lippen hatte er einen Kopf, den man so leicht nicht vergisst. Das Bemerkenswerteste an ihm aber war seine Stirn. Denn er besaß, was ein Phrenologe eine gut geformte Stirn nennen würde. Darüber aber, leicht zurückgesetzt, wölbte sich eine zweite Stirn …«

Ein Mann mit Doppelstirn, über einem sinistren Charakterkopf, man glaubt bei dieser wüsten Schilderung den russischen Mönch und Zaren-Verführer Rasputin vor sich zu haben. Mysteriöser noch ist, dass dieser Stewart-Brief nur bei Farrer auftaucht. Keiner hat das Schriftstück später zitiert, nirgendwo taucht es noch einmal auf. Immerhin handelt es sich um das einzige Dokument, das man in dieser Genauigkeit von Simonides' äußerer Erscheinung hat.

Wenn man es für echt hält. Denn die Simonides-Wissenschaft ist eine fröhliche, wie auch Andrew Lang feststellt (»Ich hatte an diesen verbotenen Pfaden auch meine Freude, denn die literarische Fälschung nimmt in der intellektuellen Geschichte der Menschheit großen Raum ein«). Man sieht es und spürt es. Farrers Hinweis, dass Charles Stewart nicht gänzlich zu vertrauen sei, klingt dann fast wie ein Witz. Wer hat den Stewart'schen Kinderschreckbrief geschrieben? Simonides? Oder Farrer? Das schöne alte, unerschöpfliche Spiel: Wer war Shakespeare? Wie hat Jesus die Wunder vollbracht, wer hat sie aufgeschrieben, wo und wann? »Fälschungen«, schreibt Farrer, »sind in alle Bereiche des Schrifttums eingedrungen. Jedoch haben sie in der Kirchenliteratur ihre vollständigsten Eroberungen gemacht und die unauslöschlichsten Spuren hinterlassen.« Die katholische Priesterschaft, heißt es weiter, habe den menschlichen Geist mit starken Ketten versklavt. Mit einer nicht abreißenden Kette von oft gut gemeinten Fälschungen.

Konstantin Simonides wurde nie der Prozess gemacht, auch wenn er Probleme mit den deutschen Behörden bekam. In einem Strafverfahren wäre es auch kaum möglich gewesen, ihm vorsätzliches Handeln nachzuweisen, außerdem wird er regelrecht zu seinen Lieferungen angestiftet. Er glaubt sich im Recht, wenn er alte Manuskripte bearbeitet und ergänzt – so haben über Jahrhunderte die Mönche gearbeitet, so ist der Umgang mit Pergament und Papyrus überliefert seit über zwei Jahrtausenden. Was im rechten Glauben und Bewusstsein gefertigt wurde, kann keine Fälschung sein. Es bleibt dabei: Eine Simonides-Biographie, auf die man zurückgreifen könnte, existiert nicht. Nur diese Camouflage: Stewart und sein Ghostwriter.

Der Name Simon – schöner Zufall – hat kirchlichen Hintergrund. Simonie bedeutet Kauf religiöser Privilegien, die Vergebung von Sünden zum Beispiel. In diesem Sinne liest sich der *Biographical Memoir* als eine Absolutionsschrift in eigener Sache.

Aber damit beginnen erst die Probleme, praktische wie literarische. Soll man »Charles Stewart« als Pseudonym betrachten, das Simonides wie seinen Augapfel hütete und nie preisgegeben hat? Handelt es sich um ein Phänomen, wie es später bei dem portugiesischen Dichter Fernando Pessoa auftritt, der unter einem halben Dutzend verschiedener Namen und Identitäten schreibt, ein jeder mit eigenem Beruf, Stil und Temperament und eigenen Themenkreisen? Bei Pessoa zeigt sich zu Beginn des 20. Jahrhunderts etwas Visionäres: Das Menschenbild zersplittert, wie im Kubismus. Der große Simonides-Bluff lässt auch schon an die literarischen Techniken eines Borges, Julio Cortázar und, seltsamerweise, einer Reihe anderer argentinischer Schriftsteller denken; aber auch an die Verstellungen und Verspiegelungen des Cervantes.

Wenn man im 19. Jahrhundert bleiben will, bei den Zeitgenossen, kommt einem E. A. Poe in den Sinn – die Geschichte des »Systems von Dr. Teer und Prof. Feder«: Der Besucher einer Irrenanstalt informiert sich dort über fortschrittliche Methoden der Heilung und Unterbringung von Geisteskranken. Aber er schöpft Verdacht, die Ärzte legen ein allzu sonderbares Verhalten an den Tag. Es sind die Kranken, die die Herrschaft über die Anstalt übernommen und ihre Wärter, ihre Peiniger eingesperrt haben. Umgekehrte Machtverhältnisse. Krank und gesund, wahnsinnig und normal tauschen die Plätze, danach ist nichts mehr, wie es vorher war, die Verhältnisse sind grundlegend erschüttert. Der amerikanische Philologe und Fälschungsspezialist Bruce

Whiteman – er hat an Konstantin Simonides einen Narren gefressen – nennt ihn einen »plain old liar«, einen dreckigen alten Lügner. Dann aber wieder hält er ihn, was kein Widerspruch sein muss, für einen »gescheiterten Künstler«. Es fällt schwer, sich der Faszination des (falschen oder echten) Papyrusmönchs zu entziehen.

Das spürt auch Sir Thomas Phillipps, wenn er in einem Brief salomonisch schreibt: »Ich höre, dass Mr. Simonides mit Hilfe oder unter dem Namen eines ›Charles Stewart‹ eine Verteidigungsrede seiner selbst veröffentlicht hat.« Und es trifft noch viel mehr auf jenen Mr. Barker zu, den Dolmetscher vom Auswärtigen Amt London. Er hatte das zweifelhafte Vergnügen, Simonides bei Frederic Madden im British Museum einzuführen. Barker hält den Griechen bekanntlich für einen ausgemachten Schwindler, er lässt alle diplomatische Contenance fahren und sagt es ihm ins Gesicht. Dann aber erlebt er, wie Simonides vor der Royal Society reüssiert. Barker schwankt. Vielleicht hat er damals, im Februar 1853, voreilig reagiert. Simonides ist in der Zwischenzeit im Ausland gewesen, Barker ebenfalls. Er ist nicht ganz auf dem Laufenden, als eines Tages ein Grieche, es muss zur Jahresmitte 1858 gewesen sein, bei ihm im Amt vorspricht: Simonides trägt den Bart jetzt länger, er macht einen gereiften Eindruck, jedenfalls kommt es Barker so vor, und sein Englisch ist deutlich verbessert.

Leider, klagt Simonides, lasse seine Beherrschung der englischen Sprache zu wünschen übrig, jedenfalls für wissenschaftliche Zwecke. Damit kommt er zur Sache. Er sei, erklärt er, von verschiedenen Institutionen in England – es gebe auch Kontakte nach Amerika – um einen ausführlicheren Lebenslauf gebeten worden. Auch ein Werkverzeichnis wolle man publizieren. In mühevollen Stunden, da es nun einmal nicht die Muttersprache sei, habe er einige Seiten verfasst – was eine Untertreibung ist – und bitte nun untertänigst den verehrten und an den Altertümern interessierten Mr. Barker um Hilfe. Dies solle nicht zu seinem Schaden sein, er könne für die Korrekturen eine Summe bezahlen, er habe es auch nicht eilig und stehe gern für alle Fragen zur Verfügung, wenn der geschätzte und gottesfürchtige Mr. Barker geneigt sein wolle, einen Blick darauf zu werfen.

Barker hat keine Fragen. Er nimmt das Manuskript an, vielleicht will er sich den ebenso höflichen wie aufdringlichen Griechen auch nur vom Hals schaffen. Aber er beginnt zu lesen, über Simonides' Zeit auf dem Athos bei Benedikt, in Athen und Konstantinopel, in Paris, das klingt nach einem abenteuerlichen, spleenigen Leben. Nach einer Wissenschaft für sich. Und es ist kompliziert und verstiegen genug, um wahr zu sein, sofern Barker überhaupt schwankt. Die Rabulistik der Altertumsforscher, die endlosen Folgen von Beweis und Gegenbeweis, die Ketten der nach Heiligen klingenden Namen, Gennadius, Uranius, Hermas, Chrysippus, Lykurgos und Appolonius, wie in der Lateinschule. Barker kann in den halb theologischen, halb historisch-philologischen Ausführungen nichts Unrechtes finden. Das England-Kapitel (da hätte er sich ausgekannt), die Madden-Coxe-Verhandlungen streift Simonides nur, da ist nichts Verdächtiges, und was Deutschland betrifft, den großen Tischendorf-Krach (Simonides schreibt *Tissendorf*, und Barker weiß es auch nicht besser, er verfolgt diese Sachen nicht), dabei amüsiert sich der britische Beamte. Für Preußen und Sachsen hat er nichts übrig, da ist er ganz auf der Seite des Griechen, dem in deutschen Landen ein so harter Wind ins Gesicht weht, aber darüber wundert sich Barker nicht. Er bringt das Manuskript des Simonides in Form, letztlich macht es weniger Mühe als gedacht, und schickt es an eine Adresse in Brighton. Von dort erreicht ihn einige Wochen später ein kurzer Dankesbrief, mit dem vereinbarten Honorar. Als Charles Stewarts *Biographical Memoir* im nächsten Jahr erscheint, ist Barker außer Landes; in Indien, wie es heißt.

Im *Memoir* variiert C.S. noch einmal die Geschichte vom großen Athos-Fund, die Initialzündung seiner missionarischen Karriere. Wie die Erzählungen von *Tausendundeine Nacht*, so liebt er es, immer neue Windungen einzuziehen und die Tür in einen weiteren Raum zu öffnen. »Ein sehr alter Mönch, Gregorius mit Namen, sah das Ende seines Lebens kommen. Und weil er von Dankbarkeit für Benedikt erfüllt war, der dem russischen Kloster so viel Gutes getan, und weil er ihn als einen geistigen Vater anerkannte, händigte er ihm ein altes Dokument in Form eines Testaments und einer Kaiserlichen Goldenen Bulle aus. In jenem Testament waren eine verborgene Bibliothek erwähnt und der Ort des Verstecks beschrieben.«

Nun wird es melodramatisch, übermannt ihn die Sentimentalität: »Unter dem Vorwand der Errichtung einer kleinen Kapelle an dem Ort eines lange verlassenen Klosters begann die Arbeit der Ausgrabungen, ohne Wissen der Regierung. Endlich, nach langen Mühen im Geheimen, ward der Eingang zum Versteck eröffnet. [...] Und Benedikt brach in Tränen aus und sprach unter Tränen von den Untaten der Kreuzritter, die den Heiligen Berg verwüstet hätten, die heiligen Schriften aber blieben unberührt und harrten der Entdeckung in ihrem unwirtlichen Gefängnis.«

Der Rest ist nun doch schon bekannt, wenn auch im Detail interessant. Benedikt habe dem jungen Konstantin noch das heilige Versprechen abgenommen, zu niemandem von dem Schatz und dem Versteck zu sprechen, sondern ihn fortzubringen und aufzubewahren, bis die Heimat eines Tages wieder frei sei. Dann segnete Benedikt den Jungen »und starb bald darauf, am 29. August 1840«. Charles Stewart verdanken wir auch die Story, dass Simonides, wie befohlen, die Manuskripte nach Symi brachte, auf geheimen Wegen. Es muss dabei sehr geheim zugegangen sein, denn Simonides war an seinem Geburtsort Persona non grata. Er hatte auf Symi nichts mehr verloren, nur seine Kindheit.

In Akira Kurosawas berühmtem Film *Rashomon* erzählen vier Menschen ihre Version von ein und demselben Ereignis, einem Gewaltverbrechen. Vier unterschiedliche Geschichten, vier Erinnerungsmuster. Konstantin Simonides schafft das Kunststück im Alleingang. Die einzige Wahrheit ist: Es gab keinen Menschen, dem er vertraut hat, und nur wenn es ihnen nützte, haben Menschen ihm geglaubt.

EIN ZEITUNGSKRIEG UND DIE FRAGE NACH DER ORIGINALITÄT DER FÄLSCHUNG

Konstantin gegen Konstantin: Simonides attackiert Tischendorf. Der Fälscher erklärt den Codex Sinaiticus zur Fälschung. Er löst einen jahrelangen Glaubenskrieg in Zeitungen und Zeitschriften aus und verschwindet von der britischen Insel.

ZWEI WORTE. Sie machen Simonides verrückt. *Codex Sinaiticus*. Der tödlich korrekte Leipziger Professor reist mit seiner Entdeckung durch Europa, lässt sich an Höfen, Akademien, Universitäten feiern, seine Bücher über den Orient erleben Auflage um Auflage, während Simonides in England, das ihm keine zweite Heimat, aber der komfortabelste Exilantenort geworden ist, um *sein* Lebenswerk kämpft. Noch einmal ein flammender Vortrag, ein Auffrischen der Referenzen, ein sicherer Instinkt, wo angegraben werden kann, und er hat das Vertrauen des reichen Liverpooler Kaufmanns Joseph Mayer gewonnen, der sich ein Privatmuseum der Antike einrichtet.

Bei der Sichtung und Entzifferung ägyptischer Papyri stößt Simonides auf eine Schrift, die er im Sommer 1860 als Fragment des Matthäus-Evangeliums identifiziert – datiert auf das »Jahr 15 nach der Himmelfahrt des Herrn«. Ein zeitgenössischer Bericht aus der Mitte des 1. Jahrhunderts. Das älteste Schriftdokument der Christengeschichte! Dreihundert Jahre älter als der *Codex Sinaiticus*! Die britischen Zeitungen überschlagen sich vor Begeisterung, Dr. Simonides, der »bedeutende Paläograph«, steht vor der Rehabilitierung, wenn er denn in England je tief in Ungnade gefallen ist. Unter Exzentrikern, so ausdauernd sie einander auch bekämpfen, findet man Schutz.

Und er macht Mayer mit anderen schönen Entdeckungen Freude: Episteln von Johannes und Judas, Fragmente des Zarathustra und eines Androsthenes, Admiral unter Alexander dem Großen. Die Prüfung der *Mayer Papyri* durch die Royal Society of Literature in London zieht sich bis Anfang 1863 hin, Zweifel an der »Himmelfahrtsgeschichte« sind laut geworden. Noch über hundert Jahre später geben die Liverpooler Funde Rätsel auf. Selbst wenn Simonides gefälscht hat, oder fälschen wollte, dann besaß er bei den *Mayer Papyri* alte, wertvolle und belastbare Unterlagen.

Die Affäre läuft nach bewährtem Muster. Erst wird Simonides in der Presse gefeiert, und die Akademiker ziehen mit, man will ja nichts verpassen. Dann melden sich dieselben Wissenschaftler zu Wort und beginnen damit, Simonides Stück für Stück auseinanderzunehmen – um sich nachher als Retter der gebildeten Welt feiern zu lassen, für ihren Sachverstand und ihren Spürsinn, da sie einen großen Schwindel aufgedeckt haben. Es ist die nie erlahmende, immer wieder aufs Neue erfolgreich praktizierte, unwiderstehliche Technik des Boulevard.

Doch diesmal durchbricht Simonides den ewigen Kreislauf der guten und der schlechten Nachrichten. Zwei Worte. *Codex Sinaiticus*. Zwei Buchstaben. C.S. Es sind seine Initialen. Constantine Simonides. (Constantine ist die englische und französische Schreibweise des Vornamens.) Charles Stewart. *Codex Sinaiticus*. Tischendorf ist ein Dieb. Er hat seinen Namen gestohlen.

Am 3. September 1862 erscheint im Londoner *Guardian* ein langer Brief, unterzeichnet mit C. Simonides. Die These ist schlicht und erschütternd: Er, der Grieche Simonides, hat den sogenannten *Codex Sinaiticus* geschrieben. Professor Tischendorf schmückt sich mit fremden Federn!

Eine formidable Attacke, ein dialektischer Befreiungsschlag. Ein entwaffnendes Geständnis. Der Mann, der stets im Verdacht steht, ein Fälscher zu sein, geht an die Öffentlichkeit und macht sich ehrlich, indem er erklärt, dass er jene Heilige Schrift verfasst hat, über die die ganze Welt jetzt spricht. Und dass ein anderer unter dem Deckmantel von Wissenschaft und Religion einen epochalen Betrug begangen oder sich, ebenso unverzeihlich, auf exemplarische Weise getäuscht hat.

Etliche Zeitungen und Zeitschriften drucken Simonides' Reklamation nach. Es handelt sich um einen biographischen Abriss der frühen Jahre. Simonides geht in seinem Anti-Tischendorf zurück auf den Berg Athos, anno 1839, zu dem »verehrten Benedikt, meinem Onkel, dem geistigen Oberhaupt des Klosters Panteleimonos«. Benedikt wollte Zar Nikolaus I., einem Wohltäter des russischen Klosters, ein Geschenk machen. Simonides schrieb die Blätter nach den alten Vorlagen des Athos auf Pergament, er hatte bei Benedikt die Kalligraphie erlernt. Von da an, die Studienjahre in Odessa und die ominösen Helfer, Gräfin Etlegg und Geheimrat Stourtzas, kommen auch noch einmal zur Sprache, wird es verwirrend. Simonides berichtet vom Tod des Benedikt, danach reist er mit dem Manuskript nach Konstantinopel, wo er es dem Patriarchen Constantius vorlegt. Über ihn gelangte das Manuskript in die Bibliothek des Sinai-Klosters, wo Simonides selbst es 1852 wiedergefunden haben will – die Widmung an den Zaren war verschwunden, auch sonst war das Manuskript in keinem guten Zustand. Die Mönche des Katharinenklosters hatten es schlecht behandelt, oder es hat auf seinen Irrfahrten Schaden genommen. »Dies ist der kurze und klare Bericht über den *Codex Simonides*, den Professor Tischendorf bei seinem Besuch auf dem Sinai, ich weiß nicht, wie, an sich genommen hat.« So schließt der Brief, und Simonides weist noch darauf hin, dass er an einigen, nur ihm bekannten Stellen des Codex »unzweifelhaft« seine Autorenschaft nachweisen könne.

Tischendorf wirkt angeschlagen. In einer ersten, widerwillig abgegebenen Stellungnahme zu den vernichtenden Vorwürfen erinnert er an den Leipziger Uranios-Skandal, schon damals hätte man für Simonides einen Platz im Irrenhaus finden müssen. J.K. Elliott – er hat die Affäre Simonides-Sinaiticus gründlich untersucht – kennt das Problem des Leipziger Star-Theologen. Denn Tischendorfs eigene Geschichte über den Sinai-Fund hat ihre Lücken und Tücken. Man kann sie glauben oder auch nicht. Das englische *Clerical Journal* findet es suspekt, dass Tischendorf nicht schnell und klar antwortet. Deutsche Publikationen schenken der Debatte weniger Aufmerksamkeit, aber in englischen Gazetten tobt die Briefschlacht anderthalb Jahre lang. Sie verselbständigt sich. Es wird bald kaum noch wahrgenommen, dass es um religiöse Dinge geht, um Gottes Wort in Original und Fälschung. Auch als sich die Meinung zugunsten Tischendorfs neigt und der Eindruck überwiegt, dass Simonides die Unwahrheit sagt, geht die Auseinandersetzung mit unverminderter Intensität weiter.

Es ist eine moderne Debatte, sie wird in Zeitungsspalten ausgetragen, und es ist eine Debatte, die von passionierten Briefeschreibern lebt – während sich zur gleichen Zeit in England und den USA bereits das Nachrichtenwesen revolutioniert. »1862 hatte das landgestützte Telegrafennetz weltweit bereits eine Länge von 150 000 Meilen erreicht«, schreibt Jürgen Osterhammel in seiner *Geschichte des 19. Jahrhunderts*. William Howard Russell wird der erste Kriegsberichterstatter modernen Typs für Zeitungen. Seine brieflich übermittelten Berichte vom Krimkrieg (1853 – 1856) in der Londoner *Times* machen ihn berühmt.

In der viktorianischen Heimat eröffnen sich durch die Presse und die in England hochgeschätzte Pressefreiheit unzählige Fronten: Soziale, künstlerische, gesellschaftliche, philosophische Phänomene werden beackert. Hunderte von Briefen und Korrespondenzen – Elliott hat sie dokumentiert – erscheinen zur Simonides-Frage in der englischen Presse, die Sache wird sportlich genommen. In London werden Wetten angeboten, wer der wahre Verfasser der Bibel vom Sinai sei. Der *Guardian* löst mit dem Simonides-Brief die Debatte aus, druckt aber in der Folgezeit die heftigsten Erwiderungen und gilt als Pro-Tischendorf. Der *Literary Churchman*, der zweiwöchentlich erscheint, sieht sich veranlasst, mehrmals seine Neutralität zu betonen, obwohl er offensichtlich auf der Simonides-Seite steht. Es bilden sich Fraktionen. Die prominenten Gegner Simonides' sind der in England lebende Grieche Tregelles und W.A. Wright, der Bibliothekar des Trinity College in Cambridge. Simonides verteidigt sich selbst: In einem Zeitraum von zehn Monaten erscheinen in einem Dutzend Periodika vierzehn Aufsätze des Fälschers, der offenbar eine gute Quote bringt, die Hälfte wird anderswo nachgedruckt. All diese Texte wahren den Anschein hoher Wissenschaftlichkeit, Seriosität ist die schärfste Waffe, man gibt nichts von sich preis.

Was sich da in den Zeitungsspalten abspielt, gleicht einer Autopsie am lebenden Objekt. Im Blickpunkt stehen die Reisen des Simonides, seine schwer nachvollziehbaren Expeditionen kreuz und quer durch den Mittelmeerraum. Die gelehrten Herren diskutieren leidenschaftlich und ernsthaft zwei Probleme. Sollte Simonides Recht haben und kein Aufschneider sein, dann muss sein Aufenthalt auf dem Sinai belegt werden. Davor stellt sich die Frage – so weit ist man bereit, ihm zu folgen –, ob ein nicht einmal Zwanzigjähriger handwerklich und physisch in der Lage ist, Hunderte von Pergamentbögen im Stil antiker Meister vollzuschreiben. Zu der Zeit, als die Debatte um den *Codex Sinaiticus* beziehungsweise »Codex Simonides« losbricht, hat in England allerdings noch niemand Tischendorfs Opus magnum zu Gesicht bekommen.

Simonides stürzt sich in Superlative. Je penibler die Nachfragen seiner Gegner, desto grandioser seine Paraden. In einem Beitrag für den *Guardian* kennt er kein Halten mehr. Schon im Alter von zwölf Jahren, auf der Schule von Ägina, habe man ihn die »Goldene kalligraphische Feder« genannt. Mit einer Abschrift der Reden des Demosthenes habe er sich den Ehrentitel »Reim des Demosthenes« erworben. Griechische Zeitschriften hätten ihn als »Kompass Euklids«, »Hand des Dädalus« gefeiert, und Simonides erwähnt auch das nicht unbedingt schmeichelhafte Wort Alexander von Humboldts, der ihn einen »unlösbaren Gordischen Knoten« nannte. Im Übrigen sei die Frage, warum ein so junger Novize auf dem Athos mit einer derart gewaltigen Schreibarbeit betraut wurde, leicht zu beantworten. Die Arbeit am Codex habe Dionysius, der erfahrene Kalligraph des Russenklosters, als zu schwierig abgelehnt.

Die Phantasie des Griechen befeuert die Debatte. Neue Fragen tauchen auf, immer detailliertere Erklärungen werden verlangt – als versuche man, ihn in eine Falle locken. *The Christian Remembrancer* will wissen, ob er selbst die Pergamente des Codex zugeschnitten habe oder ob sie ihm angeliefert worden seien. Und wie es überhaupt möglich sei, altes Pergament in solcher Menge und Qualität zu beschaffen. Offensichtlich macht man sich über ihn lustig. In einem Zeitungsartikel wird gefragt: »Gehen die Wurmlöcher durch die Buchstaben – oder weichen die Buchstaben den Löchern aus?« Simonides antwortet seelenruhig: »Ich habe gelernt, wie man die geeigneten Schreibmaterialien vorbereitet – die richtige Tinte, die Herstellung der Griffel aus Knochen, das Glattreiben der Häute und ihre Reinigung durch chemische Mittel, die Einteilung der Kolumnen.« Das klingt wie Allerweltswissen, und das wird ihm vorgeworfen.

Den Vorwurf der *Fälschung* weist er leicht von sich: Er habe auf dem Athos ja nicht in arglistiger Absicht den Codex geschrieben, um ihn als antik auszugeben. Vielmehr sei es die Tradition des Heiligen Bergs, in alter Manier und Kunst Bücher und Ikonen herzustellen. Und es sei die Schuld der Ungläubigen, wenn sie aus Ahnungslosigkeit oder Gier Alt und Neu verwechseln. Simonides kämpft für einen aus heutiger Sicht seltsam modernen byzantinischen Kunstbegriff – und diese fortschrittlichen Viktorianer, Männer des Empire, kämpfen um die Schimäre des Originals. Ihre Museen, Bibliotheken, Schlösser und Landsitze stehen auf einem Boden, der bestenfalls ein paar römische Münzen und Köpfe hergibt. Simonides ist der Bote der Alten Welt, längst haben sie ein Artefakt auch aus ihm gemacht.

Seine Zeit läuft ab. In den Liverpooler Hafenkneipen, wo er Anschluss sucht, führen sie den komischen Vogel aus der Zeitung vor. Der griechische Schreiberling sorgt für gute Unterhaltung. Anfang 1863 lässt der stoische Tischendorf in Leipzig eine 25-seitige Philippika in eigener Sache drucken, *Die Anfechtungen der Sinai-Bibel.* Man könne sich, schreibt der inzwischen hochdekorierte Theologe, »die Teilnahme englischer Blätter an dem neuesten Schwindel des berüchtigten Fälschers nur aus der Sympathie erklären, welche die Söhne Albions noch immer für die Narrenfigur in den Shakespeare'schen Dramen hegen.«

Als größten Narren Shakespeares kann man Hamlet erleben, sein Wahnsinn ist gespielt oder echt, worauf es aber gar nicht ankommt, wenn ein Drama mit dem Auftritt eines Geistes beginnt und eine herrschaftliche Familie offenbar wild entschlossen ist, sich selbst auszurotten. Im bösen Dreieck der Familie Simonides gibt es einen Onkel, dem in keinem Fall zu trauen ist, und einen Vater, der allerdings nicht vom Schwager, sondern vom eigenen Sohn mit Gift gefüttert wird. Alle überleben, als Geister. Konstantin sieht den Vater nie wieder, den Onkel schleppt er ewig mit sich herum. Der Sinaiticus-Skandal wird zu seinem Abschied von der Bühne, es ist ein intellektueller Zermürbungskrieg. Er führt Simonides in einen literarischen Wahnsinn.

Noch einmal überrumpelt er seine Kritiker, als er im *Guardian* mehrere (im Original auf Griechisch geschriebene) Briefe eines Kallinikos Hieromonachos aus Ägypten präsentiert. Der fromme alte Herr zeigt sich empört über die Anwürfe gegen den »ersten Kalligraphen Griechenlands«, den »unermüdlichen« Simonides. Er habe im Februar 1840 mit eigenen Augen auf dem Athos Simonides bei der Arbeit am »Pseudo-Codex Sinaiticus« gesehen. Kallinikos bestätigt Simonides' Darstellung in allen Punkten und fügt hinzu, dass Tischendorf bei seinem ersten Besuch auf dem Sinai im Jahr 1844 einige Blätter aus dem Codex herausgerissen und später den Rest mit Hilfe des russischen Konsuls an sich genommen habe, mit dem Versprechen, den Codex zurückzubringen.

Die Briefe wurden in Alexandria aufgegeben, die Poststempel erweisen sich als echt. Es beginnt eine neue Runde von Nachforschungen, die sich über Monate hinzieht. Die Anti-Simonides-Partei schickt einen Detektiv nach Alexandria – dort gibt es keine Kallinikos Hieromonachos, wie das *Journal of Sacred Literature* im Juli 1863 meldet. Allerdings wird ein Mönch mit diesem Namen im Katharinenkloster ausfindig gemacht. Er gibt an, noch nie etwas von Simonides gehört zu haben, einem offensichtlichen Lügner und Betrüger und Scharlatan, der die Härte des Gesetzes zu fürchten habe. Er sei sich auch sicher, dass dieser Simonides nie die Gastfreundschaft des Sinai-Klosters genossen habe. In Liverpool und London sind inzwischen auch die graphologischen Untersuchungen der Alexandria-Briefe abgeschlossen: Sie stammen aus der Hand von Konstantin Simonides. Ungeklärt bleibt die Frage, wie er an die ägyptischen Poststempel gekommen ist.

Kurz darauf ist der Grieche aus England verschwunden. Niemand hat Anklage erhoben. Und einer hat sich in der ganzen Sinaiticus-Sage überhaupt nicht zu Wort gemeldet – Charles Stewart, der Biograph. Diese Kunstfigur lässt Simonides aus dem Spiel. Heller Wahnsinn und übergroße Vorsicht liegen manchmal dicht beieinander. Erst als die Schlacht geschlagen ist, und Simonides über alle Berge und Meere, druckt der *Guardian* im August 1863 – die Story kühlt langsam ab, ist aber immer noch warm – einen der Redaktion zugespielten, drei Jahre alten Brief von Simonides an Stewart. Ein biographisches Selbstgespräch, aber das wissen die Redakteure und die Leser natürlich nicht, die an die Existenz von Mr. Stewart glauben, dem Verfasser des *Biographical Memoir*. Ein in seiner Nüchternheit erschütterndes Dokument mit schizophrenen Zügen:

»Ich habe mit großer Freude die hundert Exemplare meiner Biografie erhalten und bin Ihnen sehr verbunden. Leider bin ich auf einige Irrtümer und Ungenauigkeiten gestoßen, insbesondere was die Heirat meines Vaters betrifft und meine Geburt. Nicht mein Vater heiratete 1823, sondern seine Schwester Anna, deren Sohn Konstantin 1824 geboren wurde. Mein Vater heiratete 1819, und ich wurde am 5. November 1820 geboren, mein Bruder Photius am 11. November 1824. Sie haben sich also geirrt und die Geburt meines Bruders vor meine gesetzt, ebenso die Hochzeit meiner Tante vor die meines Vaters. Es gibt noch einige weitere Irrtümer, die es angeraten sein lassen, ein Blatt mit *Errata* beizulegen. Dein C. S.«

Oder sollte es heißen, *Ihr* C.S.? Simonides benutzt die alte, feierliche, im Kirchenenglisch gebräuchliche Form des *thine*, statt *yours*. Etikette sind Fälscherwerkzeug. Er war offenbar auf alle Fälle vorbereitet, auch auf eine mögliche Aufdeckung der Identität von Charles Stewart. Er wollte von seiner eigenen Autorschaft ablenken. Fehler im gefaketen *Memoir*, *Errata*, sind wie bewusst gesetzte Schrift- und Materialfehler auf einem Palimpsest. Sie täuschen Alter vor und Verschleiß, Abrieb und Klimaeinflüsse. Simonides wurde einmal gefragt, weshalb er rostige Nägel bei seinen Schreibmaterialien aufbewahre; man schöpfte Verdacht. Simonides antwortete: In den Klöstern ist das Wasser stark eisenhaltig, sein Körper hat sich früh daran gewöhnt. Deswegen rührt er, wenn er Durst hat, mit Rostnägeln den Tee und das Glas Wasser um.

Konstantin Tischendorf stirbt 1874 nach einem Schlaganfall im Alter von 59 Jahren. Er hinterlässt seine Frau Angelika und acht Kinder. Seine Privatbibliothek wird nach Glasgow verkauft, sein Lehrstuhl für Biblische Paläographie bleibt fünfzehn Jahre unbesetzt.

KONSTANTIN SIMONIDES' TOD IN ALEXANDRIA – UND SEINE AUFERSTEHUNG

Simonides rettet sich nach Alexandria. Er schlägt sich als Bettler und Straßenhändler durch. Das Ende in der Stadt der sagenhaften Bibliothek. Sein zweites Leben und sein zweiter Tod in abgeschiedenen Bergen.

Es gibt für dich kein Schiff und keine Straße –
Gib die Hoffnung auf. Hast du dein Leben
auf diesem kleinen Fleck vergeudet, so hast du
es auf der ganzen Erde vertan.

KONSTANTIN KAVAFIS

AUCH der Tod ist ein Fälscher, der größte von allen. Nach Belieben kann er sein Objekt bearbeiten; vergrößern, verkleinern, verfeinern. Er stellt das Leben in ein klareres Licht. Er stellt Zusammenhänge her, die es im Leben nie gab, oder so nie gab, er schärft oder mildert die Perspektive. Jäh oder mit Ankündigung, der Tod folgt einer stärkeren Logik. Antinous, der schöne Liebling des römischen Kaisers, stirbt blutjung. Wäre er alt und faltig geworden, hätte er ein Leben gelebt, man hätte wohl nie etwas von ihm gehört. Aber am Ende erweist sich nicht einmal der Tod als fälschungssicher, wenn ihn die Religion überschreibt und ein Leben nach dem Tod verspricht, im Paradies oder an einem anderen Ort, dort, wo nach christlicher Meinung die Sünder und Betrüger landen, in der Hölle. Was soll man von Dante denken, der sich im Jenseits mit Odysseus unterhält und den Propheten Mohammed als »Glaubensspalter« beim Teufel abliefert? Im strahlenden Licht der Literatur erscheinen Fälscherei und Phantasie als Synonyme. Sonst kann nichts entstehen.

Bis vor einigen Jahren wäre es leicht gewesen, die Erinnerung an Simonides, wenn er nicht ohnehin vergessen war, nahezu flächendeckend auszulöschen. Es hätte nur einiger Bibliotheksdiebstähle bedurft, zum Beispiel in der Gennadios Library in Athen. Dort sind die wichtigsten Simonides-Titel noch immer nicht digital erfasst, sondern nur über das Karteikartenverzeichnis zu bestellen. Unter ein und derselben Signatur finden sich – gebündelt – der *Biographical Memoir*, Alexander Lykurgos' *Enthüllungen über den Simonides-Dindorfschen Uranios* und weitere einschlägige Originaldrucke. Charles Stewarts Meisterwerk ist in einigen anderen europäischen Bibliotheken im Lesesaal einzusehen, man muss Glück haben. Wer braucht solche Bücher, auf wen warten sie, wann kommt ihre Zeit? Philipp Blom erwähnt den Fall des Büchernarren Stephen Blumberg. Er stahl über 20 000 seltene Bücher aus amerikanischen und kanadischen Bibliotheken und hortete sie in seinem Haus in Iowa. Bei seiner Verhaftung erklärte er, »er habe einfach den Drang verspürt, diese Bücher zu besitzen und um sich zu haben«.

Der Fälscher als posthumes Opfer organisierten Diebstahls, das wäre schon zu machen gewesen. Aber zu spät. Inzwischen ist auch der Name Konstantin Simonides im Internet aufgegangen, nicht immer einfach zu finden, aber doch in Bits und Bytes gemeißelt für die Ewigkeit, mit Myriaden anderer Namen. Die Idee der universalen Bibliothek von Alexandria hat sich für jedermann erfüllt, allerdings auf chaotische Art und Weise und auf ganz anderen Levels von Qualität und Ordnung. Vielleicht auch nicht. Nichts ist so fälschungsanfällig wie Einträge im Internet, die digitale Welt des Wissens gleicht eher dem Wahnsinnsbücherland eines Sir Thomas Phillipps. Ironie der Erinnerung: Simonides, Konstantin, wird bei Google und Co. überlagert von Simonides von Keos, dem mutmaßlichen Erfinder der Mnemotechnik. Nur einstürzen, abbrennen und umziehen kann der digitale Kosmos nicht mehr.

Konstantins Odyssee neigt sich dem Ende zu. Was auch jetzt noch geschieht, sie ist länger als die des Pferdeschiebers von Troja. Sein Vater ist gestorben, er erfährt es 1865 durch einen Brief der Schwester Anna. Konstantin kehrt noch einmal auf sein Ithaka zurück, auf die Insel Symi. Er will sich ein Teil des väterlichen Erbes sichern. Aber er ist nicht willkommen. Es hat in der Zwischenzeit auch Gerüchte gegeben, der Patriarch von Konstantinopel wolle ihn aus der orthodoxen Kirche ausschließen. Stilpon, dem Halbbruder, hat der Vater Haus und Gut hinterlassen, für Konstantin bleibt nichts. Sein Geld reicht gerade noch für die zweite Flucht aus Symi, er schlägt sich nach Alexandria durch. In Europa hat er all seine Karten ausgespielt, aber Alexandria bietet sich aus einer Reihe von Gründen als sicherer Hafen an.

Zu der Zeit beginnt die alte, oft zerstörte Stadt der Ptolemäer noch einmal zu blühen. Joachim Sartorius spricht in *Alexandria – Fata Morgana* von einer »Metamorphose. Die Paschas des Osmanischen Reiches beschlossen, Ägypten zu modernisieren und den Handel anzukurbeln.« Ein gewaltiger kosmopolitischer Schub erfasst die Stadt, die Chateaubriand noch 1811 als »traurigsten und verlassensten Ort auf Erden« angetroffen hatte. Die Nordeuropäer kommen, die Griechen sind ohnehin da. Geschäftsleute, Touristen. Das Mittelmeer füllt sich mit Dampfschifffahrtslinien nach Triest, Genua, Southampton, Konstantinopel, Odessa, Bombay. Ein neuer Alexandria-Mythos entsteht, mit der antiken Weltbibliothek in den Köpfen. »Heute ist der Mythos von Alexandria«, schreibt Sartorius in seiner Monographie der Metropole, »in erster Linie ein literarischer.« Wie zu Anfang, bei der Gründung durch die Makedonen.

Man darf den Mythos als kollektiven willentlichen Fälschungsakt verstehen, über Generationen und Epochen. Man lädt sich damit etwas auf, um Geschichte abladen zu können. Czesław Miłosz, der polnische Literaturnobelpreisträger, hält den »Alexandrismus«, diese Neigung, alles und jedes zu kommentieren, zu kopieren und zu katalogisieren, für ein zeitgenössisches, nachgerade postmodernes Phänomen. »Was ist das für eine Epoche, die nicht mehr wirklich vergessen kann? Museen, Bibliotheken, Fotografien, Reproduktionen, Filmarchive. Und in all diesem Überfluss einzelne Menschen, die nicht merken, dass um sie herum ein allgegenwärtiges Gedächtnis die Herrschaft über sie gewinnt, sie umzingelt, und das bisschen Bewusstsein, was sie haben, noch weiter angreift.«

Da wird ein Simonides schon das Weite gesucht haben. Er hat stets nach alter Methode gearbeitet, die sich nachher – *copy/paste* – als fortschrittlich erweisen soll. Aber er findet sich in der neuen Zeit nicht zurecht. Wie ihm, so geht es im 19. Jahrhundert den früheren hochzivilisierten Gesellschaften des Mittelmeerraums, den a priori diebischen und kopierfreudigen Erfindern der sogenannten abendländischen Kultur. Lange schon sind sie versunken, und sie kommen auch aus der Versenkung nicht heraus, als der europäische Kolonialismus in davonrasender Modernität seine lange und glühende Dämmerung einleitet. Das Reisen in nicht mehr so ferne, nicht mehr so gefährliche Länder wird vom industriellen Denken erfasst. Der Engländer Thomas Cook verblüfft mit einer neuartigen Idee: Reiseabenteuer kann man planen, und zunehmend spielt die Bequemlichkeit, die man von zuhause gewohnt ist, eine Rolle. Es zeigen sich die ersten Ansätze zum Pauschal- und Gruppentourismus.

In seiner eigenen griechisch-antiken Welt ist Simonides, dem verirrten Hellenisten, der Part des Exoten zugedacht. Jetzt sieht er wirklich so aus, wie in dem ominösen Charles-Stewart-Brief beschrieben; abgemagert, zerlumpt. Die Rolle hat ihn übernommen. Auf den Quais wandert er auf und ab, bietet Dolmetscherdienste und Stadtführungen an und nimmt das künftige Schicksal der Griechen und Ägypter vorweg, er lebt vom Fremdenverkehr. Wer sich dafür interessiert, kann bei ihm originale Papyrusrollen mit Hieroglyphen und alte griechische Dokumente erwerben. Er spricht mit streunenden Katzen, den heiligen Tieren der alten Ägypter, er gibt ihnen Namen: Uranius, Aristeas, Hermas. Eine trostlose Existenz, ein letzter Versuch, Autorität zu erobern: Auf einem Esel reitet er beim Patriarchat von Alexandria vor. Kurz zuvor war der Bischof von Äthiopien gestorben, Simonides bewirbt sich um den vakanten Posten.

Aber das mag eine Legende sein. Wie auch sein Tod. Sein Tod in Alexandria. Dort soll er Ende September 1867 gestorben sein, wie bald darauf eine Zeitschrift in England, *The Athenaeum*, vermeldet. In der British Library liegt ein Brief mit diesem Inhalt. Absender: ein Grieche namens Rhodokanakis. Todesursache: Lepra. »Armer Mensch. Er starb in großer Armut.« Tatsächlich stirbt in diesem Jahr der vielen Griechen verhasste bayerische König von Athen, Otto I.

Das soll es gewesen sein, *finita la commedia*. Oder auch nicht. Im Tod des Konstantin Simonides wiederholt sich das Versteckspiel um die Geburt: Symi 1820 oder Hydra 1824. Wieder tauchen die bohrenden Fragen auf. Bruce Whiteman nimmt sich die Lepra-Geschichte vor. Sie will ihm nicht einleuchten. Sollte Simonides tatsächlich an Lepra erkrankt sein, so hätte man das 1864 in England bemerkt. Die chronische Form der Lepra kann sich über Jahre hinziehen, weiß Whiteman, aber selbst für die akute Form erscheint ihm die Zeit zwischen der Abreise aus England und dem vermeintlichen Todesdatum zu kurz.

Etwas ist Whiteman, dem eifrigen Simonides-Forscher, entgangen. Eine typische Simoniderei. Philologen und Bibliothekare mögen von Berufs wegen misstrauisch sein, aber letztlich glauben sie doch an das Papier. An den letzten Eintrag. Der allerdings riecht wie ein alter Fisch. Jener Rhodokanakis nämlich behauptet, er habe einen Brief aus Alexandria erhalten – er sagt nicht, von wem –, worin ihm der Tod des Simonides mitgeteilt wurde. Wieder über Bande gespielt; noch eine Drehung. Seltsam auch der Name. *Rhodokanakis*. Darin steckt eine Anspielung auf Symi. Über die große Nachbarinsel Rhodos gelangt man auf Simonides' Insel, dort lebte seine Familie, ihr hat er immer wieder die seltsamsten schriftstellerischen Denkmäler gesetzt.

Aber es kommt noch besser, und es sind gar keine spitzfindigen Entklausulierungen nötig, um die Sache Rhodokanakis als Schwindel aufzudecken. Auftritt Demetrios Rhodokanakis, ein

Landsmann also, er lebt von 1840 bis 1902. Ein unterhaltsamer, aber auch enervierender Irrer. Er gibt sich als »15. Titularkaiser von Konstantinopel« aus, mit vollem Namen *Demetrios II. Ducas Angelos Komnenos Palaiologos Rhodokanakis*; eine komplette griechische Fußballnationalmannschaft, mit byzantinischem Gepränge. Aus selbstverständlich nicht existierenden Handschriften und historischen Abhandlungen bezieht er sein Wissen und seine machtvolle Stellung. 1872 erscheint in Athen, immerhin in der Parlamentsdruckerei, die Festschrift in eigener Familiensache: *Life and Writings of Constantine Rhodocanakis*. Da jongliert er mit dem imperialen Vornamen Konstantin. Jetzt ist sicher: Den Brief zum Simonides-Tod 1867 in Alexandria hat ein Grieche geschrieben, einer von beiden. Rhodokanakis ist zur fraglichen Zeit erst 27, und noch am Beginn seiner operettenhaften Profilierungskampagne. Ein französischer Wissenschaftler lässt 1895 die byzantinische Blase platzen.

Ein Schwindler hilft einem Fälscher, oder er will ihm eins auswischen, oder Rhodokanakis will sich in England, wo er sich später zum »Arzt bei Hofe« aufschwingt, wichtig tun. Was zu demselben Resultat führt: Simonides verschwindet von der Bildfläche. Einer ähnlichen Technik haben sich nach dem Terrorangriff des 11. September 2001 auf die World Trade Towers in New York Versicherungsbetrüger bedient; sie ließen sich für tot erklären, verschüttet in den Trümmern, und tauchten im Ausland unter.

Der frühe Tod in der Stadt Alexanders des Großen ist also mit Sicherheit eine Fälschung. Es ist auch nicht mit dem Teufel zugegangen. Man braucht es kaum mehr auszusprechen. Simonides selbst, eine leichte Übung, etliche Male praktiziert, hat diesen seinen letzten Brief an John Eliot Hodgkin auf den Weg gebracht, aus Alexandria. Hodgkin gehörte in London zu den Simonides-Fans. Auch er betrachtet, wie so viele vor ihm, den Griechen als ein »vollkommenes Rätsel«. *Inscrutable* ist das Adjektiv, das

Hodgkin benutzt, das so vieles bedeutet: mysteriös, unerklärlich, kryptisch. »The more I see of him the more inscrutable he becomes.« Je mehr man von ihm weiß, oder zu wissen glaubt, desto weniger gibt er sein Geheimnis preis.

Ein Tod auf Raten. Lepra? Möglicherweise. Alexandria? Keinesfalls. Gestorben 1867? Kaum. Also Auferstehung! Zu Simonides' Lebzeiten, und er lebte ja weiter, sollten 23 Jahre vergehen, ehe man wieder etwas von ihm hört. 1890 meldet die *Times* in London, Simonides sei in einer kleinen Stadt in Albanien gestorben. Auch hier scheint erst einmal Vorsicht angebracht. Simonides ist 1890 dann schon 70 Jahre alt gewesen. Sehr viel älter wurde man damals in der Regel nicht. Vier Jahre Zeitunterschied bei den Geburtsangaben, 23 Jahre beim Todesdatum. Bei Persönlichkeiten der Antike und des Mittelalters ist die Lebensspanne in der Regel exakter überliefert. Untergehen in der Stadt der großen Bibliothek: Aus romantischer Sicht wäre Alexandria gewiss der ideale Ort für einen Büchermenschen, das Zeitliche zu segnen. Aber er hat sich davongemacht.

Simonides schlägt noch einmal zu!

Und es gibt eine Spur. Bruce Whiteman und all die anderen haben aufgegeben. Whiteman erlaubt sich noch den Scherz, dass Simonides in die USA ausgewandert und bei den Rancherkriegen in Lincoln County von Billy the Kid erschossen worden sei. Diese letzte Spur führt nach Norden. Albanien ist gar nicht so verkehrt. In einem Brief an seine Schwester Anna erwähnte Simonides einmal die Möglichkeit, sich ins Kloster zurückzuziehen; »der Undank der Welt«. Der Berg Athos scheidet aus, Simonides ist dort zu bekannt. Immer wieder hat er vom Sinai gesprochen. Aber dorthin kann er sich auch nicht wenden, zu oft missbrauchte er Namen und Titel altehrwürdiger Mönche vom Katharinenkloster.

Albanien? Das ist heute ein kleiner Fleck auf der südosteuropäischen Landkarte. Im 19. Jahrhundert aber war das albanische

Siedlungsgebiet weitaus größer; Albaner haben im griechischen Befreiungskrieg gegen die Osmanen eine nicht unbedeutende Rolle gespielt, und zwar auf beiden Seiten. Ali Pasha residierte in Ioaninna, heute Nordwestgriechenland, ein mit großer Gewaltphantasie begabter, balkanisch-orientalischer Warlord mit einem Harem von hundert oder tausend Frauen, dem auch Lord Byron seine Aufwartung macht, auf seiner ersten Griechenlandreise.

Wiedergeburt im Kloster. Der Tod, der 1867 nicht eintritt, verschiebt die Perspektive um bald ein Vierteljahrhundert. Als gehetzter, mittelloser Mensch wäre Simonides in Ägypten gestorben, manch einer würde sagen: ein verdientes Ende für den Schurken, es musste ja so kommen, er hat seine Trümpfe ausgereizt bis auf den letzten. Hat sich, Gipfel der Unverschämtheit und Infamie, im Tischendorf-Skandal auch noch als Moralapostel aufgespielt, im Dienste der wissenschaftlichen Wahrheit! Alles in allem ein rundes Bild. Aber wie kleinlich und rachsüchtig, wie moralisch! Der andere Tod, der *albanische*, der Tod des Jahres 1890, zeigt sich großzügiger. Nicht nur, weil er Simonides ein weitaus längeres Leben gewährt, über das man allerdings so gut wie nichts mehr sagen kann. Und so viel doch: Er muss zu sich gekommen sein, der Kreis schließt sich, im Schutz der Anonymität. Von den orthodoxen Klöstern in der Bergeinsamkeit ist bekannt, dass sie Männer aus zerstörten Familien aufnehmen, Verbrecher, verlorene Seelen. Ein Gorki'sches *Nachtasyl*. Ein würdiger Ort. Der albanische Tod fügt sich letztlich auch still und dunkel in ein Leben, das auf Spekulation beruht. Es ist die letzte Karte, die der heilige Hochstapler ausspielt.

Die Zeit heilt keine Wunden, sie reißt sie nur sauberer wieder auf. So Konstantin je eine Kindheit hatte, kehrt er, anstatt voreilig den Geist aufzugeben, nun dahin zurück. Wohin? Wenn es nicht das Reich des schier unsterblichen Onkels, der Athos war, nicht mehr sein konnte, und auch nicht der Sinai, weil er an diesen Orten aufgefallen wäre, dann bleibt nur das dritte

Zentrum der klösterlichen Orthodoxie – Meteora in Thessalien. Albanien ist in Reichweite. Die bizarren Klöster von Meteora, errichtet auf hoch aufgeschossenen, pilzförmigen Hügeln, bieten ihrer Lage und Architektur nach eine zweite Athos-Heimat. Eine Landschaft, einmalig auf der Welt: ein umgekehrtes vulkanisches Szenario. Eine Gruppe von Kratern, wie von unten nach oben gestülpt. Die Klöster kleben auf den Gipfeln, als hätte der Berg sie aus seinem Bauch herausgepresst. Anders als auf dem Athos dürfen Frauen heute die Klosteranlagen besichtigen, und es gibt dort ein Nonnenkloster. Patrick Leigh Fermor erschienen die »Klöster der Luft« wie eine »stumme Herde Mammuts, versunken in Meditation«.

Der letzte Blick, bevor er die Zellentür öffnet und sich dem Irdischen entzieht. Ein alter Mann schleppt sich den gewundenen Weg von Kastraki hoch, der letzten Ortschaft vor Meteora. Das Stephanos-Kloster öffnet nicht, er zieht weiter. Nach einer längeren, gewundenen Strecke, es geht steil bergauf, erreicht er das Kloster Russio. Er ist am Ende, und er ist wieder am Anfang angekommen. Der vertraute Geruch, der Hall der Schritte auf dem Steinboden, die geschäftige Stille. Er sei ein Eremit, sagt er den Mönchen, die den erschöpften und verwahrlosten Mann nach alter Sitte begrüßen und versorgen; ein Glas Wasser, Ouzo und Loukoumi, eine klebrig-süße, mit Zucker bestäubte Masse. Er sei Grieche, gebürtig aus Symi oder Hydra, sei seiner Familie in den Wirren des Befreiungskampfs abhanden gekommen und wisse über seine Kindheit nichts. Er sei ein gottesfürchtiger, in der Welt der Menschen herumgekommener Mann, könne schreiben und lesen. Er suche eine Bleibe für die Nacht oder für länger, und sein Name sei Benedikt.

Nachbemerkung

Auf seinen Gewaltritten zum Katharinenkloster, aus dem er eines Tages den berühmten *Codex Sinaiticus* abschleppte, kam der deutsche Theologe Konstantin Tischendorf auch am Toten Meer vorbei. Der Name des kleinen Ortes Qumran sagte ihm nichts, er sah keine Veranlassung, dort anzuhalten und die wüste Gegend zu erkunden. Was für eine Ironie! Ein Jahrhundert später werden in den Höhlen von Qumran 800 Schriftrollen gefunden, biblische und außerbiblische Texte, zum Teil aus vorchristlicher Zeit. Und das war nur der Anfang. Die Schriftrollen der Essener beschäftigen die Wissenschaft bis heute. Skandale, Verschwörungstheorien, endlose Publikationen, Qumran bleibt ein Zauberwort.

Und ein Sinnbild. Geschichten und Entdeckungen warten auf ihre Zeit. Als ich 1999 zum ersten Mal zum Berg Athos reiste, wusste ich nichts von Konstantin Simonides, dem großen Fälscher, der dort seine Basis hatte. Ich bewegte mich in seinem Reich, auf seinen Spuren, wanderte unbekannterweise auf seinen Wegen in der rauen Landschaftsschönheit des Athos. Bald darauf im Sinaikloster las ich über Tischendorf – und über seinen Widersacher Simonides.

»Alles ist wie gestern und wie vor tausend Jahren«, schrieb der französische Reiseschriftsteller Pierre Loti 1895 über das Kloster auf dem Sinai: »Er ist einmalig, dieser Frühling, der einzig und allein für diesen künstlichen Garten und für den baumbepflanzten Friedhof gekommen zu sein scheint, denn nirgendwo in dieser Unermesslichkeit aus Sand und totem Gestein fände er etwas anderes, das er ergrünen lassen könnte.«

Auch wir waren im Frühling da. Der archaische Eindruck, die Illusion einer anderen Zeit auf dem Sinai, ging mir nicht mehr aus dem Kopf. Alle Welt hat seinerzeit den braven Tischendorf gefeiert, das ärgerte mich. Denn so brav und anständig war er wieder nicht, dieser Schriftgelehrte aus Leipzig. Aber der Grieche? Der berühmte und dann so schnell und gründlich vergessene Schurke im Drama der alten Handschriften gewann mein Herz; für Tischendorf und seine gewaltige Arbeitsleistung muss Respekt genügen. Konstantin Simonides, ein Schwindler, hochbegabt, ein notorischer Lügner und Betrüger, der sich selbst betrogen hat in seinem Winden und Selbst-Erfinden. Diese zutiefst vereinsamte Figur, die keine Nähe zuließ – ich habe versucht, ihn aufzutun, ihm ein Gesicht und ein Leben zu geben, das er vor der Welt verbarg. Es war ein Vergnügen, die faszinierend-verschwindende Erscheinung herauszuholen aus seinen spärlichen Schriften mit autobiographischem Bezug und aus den Fußnoten, Anmerkungen und Pamphleten seiner akademisch strengen und nicht weniger eitlen und besessenen Feinde.

Es ist die erste Biographie des Konstantin Simonides überhaupt. Er bekommt seinen Platz dort, wo seine Welt war und aus der er verbannt wurde, wo er seine Lebenszeit verbracht hat – in der Welt der Bücher und Bibliotheken. Sie wäre ohne Geister und Gespenster wie Simonides ein leeres Universum.

Die Recherchen führten mich auf den Athos zurück, nach Thessaloniki und Athen, auf die Inseln, nach London und Leipzig. Simonides ist ein Phantom. Zur falschen Zeit geboren. Wie gut hätte er in die späte Antike gepasst oder in das heutige, vom Bankrott bedrohte Griechenland. Wie gut hat er aber auch wieder in seine Zeit hineingepasst, in dieses 19. Jahrhundert der Erfinder, Hasardeure, der Antikenjäger und Sammler, der vom technischen Fortschritt gleichermaßen erschreckten und befeuerten Phantasten. Kurz: Simonides steht für die andere Seite der Geschichtsschreibung, für das nicht in Stein Gemeißelte. Aus seinem Leben und seinem Werk lernt man, wie das gemacht wird – Geschichte. Denn Geschichte ist immer etwas Gemachtes, Gewolltes, Unterdrücktes, Herausgehobenes, Hin- oder Her-Gedrehtes. Es liegt viel Wahres in Fälschungen.

Danken möchte ich Father Justin vom Sinaikloster für die Gastfreundschaft, Marianthi Milona (Ouranoupoli) für ihre Unterstützung, Prof. Haris Kalligas (Athen) und Bruce Whiteman (Head Librarian, William Andrews Clark Memorial Library, University of California, Los Angeles) für die Überlassung wichtiger Schriften, Andreas Schäfer (Berlin) für Rat und Tat, Diamanda Diamontopoulou (Athen) für die Übersetzungen. Dank an die Pension Irene in Ouranoupoli für die Ruhe und den herrlichen Blick auf den Hafen, und an Karin Graf, die an Simonides geglaubt hat. Ich danke Jacalyn für ihre Geduld und ihr Vertrauen. Ich bin dem alten Mönch im Athos-Kloster Iwiron verbunden, der mich mit den Worten empfing: »Du bist hier, weil du hierherkommen musstest.«

R.S.
Berlin, im November 2010

Ausgewählte Bibliographie

Ball, Hugo: *Byzantinisches Christentum. Drei Heiligenleben*, München, 1923.

Blom, Philipp: *Sammelwunder, Sammelwahn. Szenen aus der Geschichte einer Leidenschaft*, Frankfurt am Main, 2004.

Böttrich, Christfried: *Tischendorf-Lesebuch*, Leipzig, 1999.

Brewer, David: *The Greek War of Independence*, Woodstock/New York, 2001.

Canfora, Luciano: *Die verschwundene Bibliothek. Das Wissen der Welt und der Brand von Alexandria*, Berlin, 1990.

Canfora, Luciano: *Il papiro di Artemidoro*, Bari, 2008.

Canfora, Luciano: *Il viaggio di Artemidoro. Vita e avventure di un grande esploratore dell'antichità*, Mailand, 2010.

Choisy, Maryse: *Un mois chez les hommes*, Éditions de France, 1929.

Constantinides, Michael: *Neohellenica*, London/ New York, 1892.

Curtis, Gregory: *Disarmed. The Story of the Venus de Milo*, Gloucestershire, 2003.

Curzon, Robert jr.: *Ancient Monasteries of the East, 1849.*

Dalrymple, William: *From the Holy Mountain. A Journey in the Shadow of Byzantium, London, 1997.*

Eisler, Benita: *Byron. Der Held im Kostüm*, München, 1999.

Elliott, J. K.: *Codex Sinaiticus and the Simonides Affair*, Thessaloniki, 1982.

Farrer, J. A.: *Literary Forgeries*, London/New York/Bombay/Calcutta, 1907.

Fermor, Patrick Leigh: *Mani. Reisen auf der südlichen Peloponnes*, Zürich, 2010.

Grafton, Anthony: *Fälscher und Kritiker*, Berlin, 1991.

Heydenreuter, Reinhard/Murken, Jan/Wünsche, Raimund (Hgg.): *Die erträumte Nation. Griechenlands Wiedergeburt im 19. Jahrhundert*, München, 1993.

Howarth, David: *The Greek Adventure*, London, 1976.

Irwin, Robert: *Die Welt von Tausendundeiner Nacht*, Frankfurt am Main/Leipzig, 2003.

Kapuściński, Ryszard: *Meine Reisen mit Herodot. Reportagen aus aller Welt*, München, 2007.

Kreiser, Klaus: *Istanbul. Ein historisch-literarischer Stadtführer*, München, 2001.

Lang, Andrew: *Adventures among Books*, 1901.

Loti, Pierre: *Die Wüste*, Bremen, 2002.

Lykurgos, Alexander: *Enthüllungen über den Simonides-Dindorfschen Uranios*, Leipzig, 1856.

Meier, Christian: *Kultur, um der Freiheit willen. Griechische Anfänge – Anfang Europas?*, München, 2009.

Minta, Stephen: *On a Voiceless Shore – Byron in Greece*, New York, 1998.

Moritz, Karl Philipp: *Götterlehre oder Mythologische Dichtungen der Alten*, 1791.

Muensterberger, Werner: *Sammeln. Eine unbändige Leidenschaft. Psychologische Perspektiven*, Berlin, 1998.

Osterhammel, Jürgen: *Die Verwandlung der Welt. Eine Geschichte des 19. Jahrhunderts*, München, 2009.

Rosenblum, Joseph: *The Prince of Forgers*, Delaware, 1998.

Sartorius, Joachim: *Alexandria – Fata Morgana*, Stuttgart, 2001.

Schneller, Ludwig: *Tischendorf-Erinnerungen. Merkwürdige Geschichte einer verlorenen Handschrift. Erinnerungen seines Schwiegersohnes*, Leipzig.

Schrott, Raoul: *Homers Heimat. Der Kampf um Troia und seine realen Hintergründe*, München, 2008.

Simonides, Konstantinos: *Symais. Die Geschichte der Schule des Apolloniados*, Athen, 1848.

Strabo: *Geographia*, Wiesbaden, 2005.

Tischendorf, Konstantin von: *Die Anfechtungen der Sinai-Bibel*, Leipzig, 1863.

Tischendorf, Konstantin von: *Reise in den Orient*, Leipzig, 1846.

Trelawny, Edward John: *Recollections of the Last Days of Shelley and Byron*, London, 1858.

Trevor-Roper, Hugh: *Der Eremit von Peking. Die Geschichte eines genialen Fälschers*, Frankfurt am Main, 2009.

Verne, Jules: *Zwanzigtausend Meilen unter dem Meer*, Zürich, 1966.

Veyne, Paul: *Glaubten die Griechen an ihre Mythen?*, Frankfurt am Main, 1987.

Wagenfeld, Friedrich: *Sanchuniathon's Urgeschichte der Phönizier*. Hannover, 1836.

Wangenheim, Wolfgang von: *Der verworfene Stein. Winckelmanns Leben*, Berlin, 2005.

Whitehead, John: *This Solemn Mockery*, London, 1973.

Zimbardo, Xavier: *Monks of Dust. The Holy Men of Mount Athos*, New York, 2001.

Bildnachweis

2 Porträt des Konstantin Simonides
nach G. Bogeng, 1922

9 Artemidor-Papyrus
© Fondazione per L'Arte della Compagnia di San Paolo, Torino

19 Antinous
© John Hios/AKG Images, Berlin

27 Landung der griechischen Truppen in Nauplia im Jahr 1833, kolorierte Lithographie von Gustav Kraus (1804 – 1852)
© Staatliche Graphische Sammlung München
(Inventar Nr.: 173667 D)

43 Heiliger Berg Athos, Kupferstich
Aus: *Treasures of Mount Athos*, B' Edition, Holy Community of Mount Athos, Thessaloniki 1997, Seite 209, Abb. 4.2.
© Holy Community of Mount Athos, Thessaloniki

59 Mönche vom Heiligen Berg Athos
© Xavier Zimbardo/www.xavierzimbardo.com/

73 George Noel Gordon Byron (1788 – 1824).
Stahlstich, 19. Jahrhundert, nach einem Gemälde von Thomas Philipps
© Granger Collection/Ullstein Bild, Berlin

87 Otto Friedrich Ludwig von Wittelsbach (1815 – 1867), Prinz von Bayern, erster König von Griechenland (1832 – 1862), in griechischer Landestracht, kolorierte Lithographie, 19. Jahrhundert
Pulfer/Interfoto, München

103 Stadtplan von Konstantinopel um 1850
Quelle: *The Complete Encyclopaedia of Illustration*, Zeichner unbekannt, um 1850,

deutscher Kupferstich aus einer amerikanischen Sammlung copyrightfreier Bilder
aus: Wikipedia.

115 Bodleian Library in Oxford, Fotografie, um 1900
© AKG Images, Berlin

129 Konstantin Tischendorf
© Orientarchiv Alexander Schick © www.bibelausstellung.de

145 Codex Sinaiticus
© Orient-Bildarchiv Alexander Schick, Westerland/Sylt,
© www.bibelausstellung.de
mit freundlicher Genehmigung der Väter vom St. Katharinenkloster (Sinai) und seiner Eminenz Erzbischof Damianos, sowie seines Stellvertreters Father John und des Bibliothekars Father Justin.
Es handelt sich um ein Blatt aus dem Neufund im Katharinenkloster 1975. Jetzt ausgestellt im Museum des Katharinenklosters.

157 Ansicht des Dachbodens eines Museums mit einem Kopisten bei der Arbeit
Paris, Musée du Louvre
© RMN | Hervé Lewandowski/Bildarchiv Preussischer Kulturbesitz, Berlin

165 Unterschrift des Konstantin Simonides, Handschrift
Aus: Christian Gastgeber (Hrsg.), *Kopie und Fälschung*, Katalog zur Ausstellung, Akademische Druck- u. Verlagsanstalt Graz, Seite 102, Abb. 43: Schreiben des Konstantinos Simonides an Franz von Miklosich von Juni 1858 (ÖNB, Hss.-, Autographen- und Nachlasssammlung, 138, 60-1)

177 Das Sinai Bibel Manuskript, Churchman-Zigarettenbild
© Top Foto/Ullstein Bild, Berlin

187 Kloster Roussanou, Meteora, Thessalien, Griechenland
© Walter Bibikow/JAI/Corbis Images, Düsseldorf

Nordsee
Ostsee
KGR. DÄNEMARK
Liverpool
VER. KGR. VON GROSSBRITANNIEN UND IRLAND
Oxford
London
KGR. DER VEREINIGTEN NIEDERLANDE
Königsberg
Elbe
Kgr. Preußen
Berlin
Weichsel
Warschau
Köln
Leipzig
Kgr. Sachsen
DEUTSCHER BUND
Paris
Prag
Krakau
Rhein
Straßburg
Loire
KGR. FRANKREICH
Donau
Kgr. Bayern
München
ÖSTERREICH-UNGARISCHE MONARCHIE
Wien
SCHWEIZ
Theiss
Genf
Lyon
Mailand
Turin
Venedig
Toulouse
KGR. SARDINIEN
Genua
Bosnien
Belgrad
Walac
Marseille
Pisa
Florenz
Serbien
OSMANISCHES REICH
Barcelona
KIRCHEN-STAAT
Korsika
Adria
Ragusa
Rom
Balearen
Neapel
Bari
Durazzo
Ochrida
Makedonien
Sardinien
Tarent
Saloniki
Athos
Tyrrhenisches Meer
Cagliari
Epirus
Meteora
Larissa
KGR. BEIDER SIZILIEN
Palermo
Messina
Reggio
Ionisches Meer
Athen
Sizilien
GRIECHEN-LAND
Algerien
Tunis
Hydra
Spetses
Tunesien
Malta
Mittelmeer
Tripolis
0
200
400
600 KM
Tripolitanien

Moskau
KAISERREICH RUSSLAND
N
W
O
S
Kiew
Dnjepr
Don
Wolga
Kaspisches Meer
Bug
Dnjestr
Donau
Schwarzes Meer
Sinope
Trapezunt
Kars
Thrakien
Adrianopel
Konstantinopel
Angora
Tabris
PERSIEN
Anatolien
OSMANISCHES REICH
Mosul
Smyrna
Konia
Aleppo
Euphrat
Tigris
Symi
Rhodos
Bagdad
Babylon
Zypern
Tripolis
Damaskus
ARABIEN
Akkon
Jerusalem
Stationen von
Konstantin Simonides
1820 – 1867 (?)
Alexandria
Ägypten
Kairo
Nil
Sinai